KARL-HEINZ KETTERER

Probleme der Neo-Quantitätstheorie und der Geldmengenpolitik

Veröffentlichungen des
Instituts für Empirische Wirtschaftsforschung

Band 13

Probleme der Neo-Quantitätstheorie und der Geldmengenpolitik

Von

Dr. Karl-Heinz Ketterer

DUNCKER & HUMBLOT / BERLIN

Gedruckt 1975 bei Berliner Buchdruckerei Union GmbH., Berlin 61
Printed in Germany

ISBN 3 428 03334 5

Inhaltsverzeichnis

Teil II

Empirische Untersuchungen

Einleitung

Zur Methode des Monetarismus

„Positive Ökonomik" als Prämisse des Erfolges

Während der letzten Jahre hat jene Theorie, die in Änderungen der — gleich ob eng oder weit definierten — Geldmenge die entscheidende Determinante der ökonomischen Aktivität sieht, eine erstaunliche Popularität gewonnen. Dabei hat diese im allgemeinen als „Monetarismus" bezeichnete Überzeugung in der wissenschaftlichen Diskussion gleichermaßen starke Resonanz gefunden wie in der an ökonomischen Problemen interessierten Öffentlichkeit.

Die Einleitungen vieler geldtheoretischer Publikationen haben sich mit der Frage beschäftigt, worauf der Erfolg des Monetarismus zurückzuführen sein mag. Diese Frage ist gleichwohl noch nicht hinreichend geklärt. Ein bestimmter Aspekt hat sich vielleicht etwas deutlicher gezeigt. Mit entscheidend für die Attraktivität und Popularität des Monetarismus ist seine *Methode,* Interdependenzen rigoros zu vereinfachen. Bei aller Subtilität in der formalen Argumentation ist das zentrale Ergebnis der Monetaristen ein höchst einfaches, deshalb allseits und mühelos rezipierbares: Die Interdependenz des gesamten Wirtschaftsablaufs wird durch zwei einfache Beziehungen in reduzierter Form beherrscht, nämlich

— die Geldmenge ist die entscheidende Determinante der ökonomischen Aktivität,

— die von Entscheidungen der Zentralbank abhängige Geldbasis bestimmt die Höhe der Geldmenge.

Nun wird niemand leugnen, daß für praktisches Handeln im allgemeinen die Notwendigkeit besteht, relativ komplexe Situationen zu vereinfachen. Auch für die Zentralbankpolitik ist es erforderlich, interdependente Wirkungen im Wirtschaftsablauf auf wenige, einigermaßen überschaubare Alternativen zurückzuführen, um Entscheidungen zu ermöglichen. Eine Reduktion von Interdependenzen verstehen die Monetaristen jedoch nicht allein als Konzession an die Praxis, die nur solange legitimiert werden kann, als keine besseren Modalitäten der Entscheidungsfindung ausgearbeitet sind. Sie gehen weiter. Aus der pragmatischen Haltung wird eine Methode. Man hat auch eine Bezeichnung für diese Methode gefunden, nämlich „Positive Ökonomik". Harry

Johnson hat diese Methode knapp aber treffend in einem Satz charakterisiert: „The crucial principle is that the test of good theory is its ability to predict something large from something small by means of a simple and stable theoretical relationship[1].“

Dies ist ein zentraler Punkt, in dem sich die Monetaristen methodologisch von den Keynesianern unterscheiden. Diejenigen Wirtschaftswissenschaftler, die keynesianischer Tradition folgen, sehen eine ganz wesentliche Verpflichtung darin, die ökonomischen Interdependenzen zu erfassen und herauszuarbeiten. Konkret bedeutet dies, daß der Wirtschaftsablauf mit Hilfe von Strukturmodellen dargestellt wird. Hieraus entstanden zum Beispiel die ökonometrischen Großmodelle, die zur Prognose der Wirkungen geld- und fiskalpolitischer Maßnahmen auf endogene Größen (Zielgrößen) des Systems verwendet werden[2]. Es ist eine direkte und scharfe Herausforderung der Keynesianer, wenn die Monetaristen behaupten, daß die Kanäle, durch welche die Geldpolitik wirke, so vielfältig und kompliziert verzweigt seien, daß es unmöglich sei, sie in einem Strukturmodell zu erfassen — und wäre es noch so detailliert. Vertrauenswürdiger seien Schätzmethoden, die die Gesamtnachfrage (oder Teile davon) direkt mit geldpolitischen Variablen verbinden. Die Methode des „to predict something large from something small by means of a simple relationship“ hat es den Monetaristen erst ermöglicht, die geldpolitische Diskussion in ungewöhnlichem Maß der Empirie zu verpflichten. Schätzungen der reduzierten Form, also Ein-Gleichungs-Schätzungen, sind verhältnismäßig leicht durchzuführen. Sie erfordern weniger Aufwand, sowohl was die Erstellung des Zahlenmaterials als auch die anzuwendenden ökonometrischen Techniken betrifft, als Parameterschätzungen von Strukturmodellen. Dies hat eine Massenproduktion empirischer Arbeiten monetaristischer Autoren hervorgerufen.

Der Wirtschaftsablauf wird durch zwei einfache Beziehungen beherrscht, die überdies das Qualitätsmerkmal „empirisch bestätigt“ tragen — bietet das der Wirtschaftspolitik nicht einmalige Chancen, vor allem Chancen, welche die Keynesianer mit ihren aufwendig konstruierten, mühsam zu studierenden Strukturmodellen nicht eröffnen können?

Dieser Frage nachzugehen ist das Anliegen dieser Arbeit. Im folgenden soll es unternommen werden, eine ganze Reihe von Bedenken gegen die theoretischen Grundlagen des Monetarismus anzumelden und

---

[1] Johnson, H. G., Recent Developments in Monetary Theory — A Commentary, in: Croome, D. R. und Johnson, H. G. (Hrsg.), Money in Britain, 1959 bis 1969, Oxford University Press 1970, S. 86.

[2] Vgl. Kalmbach, P., Einleitung: Der neue Monetarismus, in: Kalmbach, P. (Hrsg.), Der neue Monetarismus, München 1973, S. 14 f.

empirische Evidenz für die Kritik vorzulegen. Eine Auswertung des westdeutschen Zahlenmaterials wird dann einige Ergebnisse liefern, welche mit der monetaristischen Erklärung des Wirtschaftsablaufs nicht verträglich sind. Dazu bedarf es nicht einmal eines aufwendigen analytischen oder statistisch-methodischen Apparates; Schätzungen der reduzierten Form haben genügend methodische Schwachstellen, welche auch ohne artifizielle Techniken aufgedeckt werden können.

Ansatzpunkte der Untersuchung

Erhebliche Zweifel ob es zulänglich ist, den Wirtschaftsablauf durch zwei einfache Beziehungen in reduzierter Form zu erfassen, tauchen auf, wenn man sich die relevanten Größenordnungen vor Augen führt. In Westdeutschland betrug im Jahre 1971 das nominale Bruttosozialprodukt, ein Maßstab für die allgemeine ökonomische Aktivität, rund 760 Mrd. DM, die Geldmenge M_1 im Jahresdurchschnitt rund 110 Mrd. DM und die (um den Effekt von Mindestreservesatzänderungen bereinigte) Geldbasis — ebenfalls im Jahresdurchschnitt — rund 68 Mrd. DM. Der streng monetaristische Standpunkt (die Geldbasis dominiert die Geldmenge, welche ihrerseits die ökonomische Aktivität bestimmt) behauptet also nichts weniger, als daß die Manipulation einer relativ kleinen Bestandsgröße es erlaubt, eine um das rund 11fache größere Stromgröße zu beherrschen[3]. Der Frage, ob dem so sein kann, wird im einzelnen nachgegangen werden.

In einem theoretischen Teil wird gezeigt, daß es höchst zweifelhaft ist, ob das einfache analytische Konzept der Verbindung zwischen Geldbasis und Geldmenge zentralbankpolitisch nutzbar ist. Die Kritik setzt an der Methode an, aus den Verbindlichkeiten der Zentralbank eine Untergruppe herauszunehmen, diese als Geldbasis zu bezeichnen und darauf eine „Geldangebotshypothese“ zu gründen.

Analoges gilt für die Beziehung zwischen Geldmenge und allgemeiner ökonomischer Aktivität. Es ist die Methode zu kritisieren, aus den liquiden Finanzaktiva mit fixiertem Nominalwert eine Untergruppe auszuwählen, diese als Geldmenge zu bezeichnen und der so definierten Untergruppe in einer Hinsicht („Zahlungsmittelfunktion“) einzigartige Eigenschaften zuzuschreiben, sie in anderer Hinsicht („Wertaufbewahrungs-“ oder „Vermögensfunktion“) als sämtlichen anderen Aktiva (Finanz- und Sachaktiva) gleichwertig zu betrachten.

---

[3] Die Niveaugröße der bereinigten Geldbasis hängt von dem Zeitpunkt ab, zu dem die Berechnung der Reservekomponente begonnen wird, insofern ist der exakte Wert der genannten Relation von der Wahl dieses Zeitpunktes abhängig. Die prinzipielle Aussage wird dadurch jedoch nicht beeinträchtigt. Das in dieser Arbeit verwendete Zahlenmaterial wird in II B. beschrieben.

Im empirischen Teil wird die im theoretischen Teil vorgetragene Kritik zu belegen versucht. Die Analyse folgt der Tradition jener Kontroverse, die sich an Schätzungen der reduzierten Form anschloß und auf die einzugehen sein wird. Dabei soll jedoch eine Eigentümlichkeit solcher Schätzungen besonders herausgestrichen werden, der bislang nicht genügend nachgegangen worden ist, nämlich das, was sich zunächst als Anfälligkeit empirisch abgeleiteter Dominanzaussagen der Monetaristen gegenüber unterschiedlicher Aufbereitung des Zahlenmaterials darstellt.

Es werden die beiden Relationen in reduzierter Form, die nach monetaristischer Ansicht den Wirtschaftsablauf beherrschen, für westdeutsche Verhältnisse getestet, das heißt also der Zusammenhang zwischen allgemeiner ökonomischer Aktivität und Geldmenge und derjenige zwischen Geldmenge und Geldbasis. Es wird gezeigt, daß die Hypothesen eines engen Zusammenhangs zwischen Geldmenge und Bruttosozialprodukt einerseits, Geldbasis und Geldmenge andererseits nur dann bestätigt werden, wenn Niveaugrößen der Rechnung zugrunde gelegt werden. Wird hingegen mit Wachstumsraten gerechnet, dann muß die Hypothese eines engen Zusammenhangs zwischen den genannten Größen als widerlegt angesehen werden. Da eine Hypothese mit ein- und demselben Zahlenmaterial nicht gleichzeitig bestätigt und widerlegt werden kann, muß zwischen Schätzungen mit Niveaugrößen und Schätzungen mit Wachstumsraten diskriminiert werden. Es wird zu belegen versucht, daß sowohl aus statistischen als aber auch analytischen Gründen eine Schätzung mit Wachstumsraten einer Schätzung mit Niveaugrößen vorzuziehen ist. Insbesondere kommt ein destabilisierender Einfluß des Nichtbankenverhaltens erst dann zum Ausdruck, wenn mit Zuwachsraten gerechnet wird. Die vorgelegten Ergebnisse deuten darauf hin, daß ein ganz wesentlicher Teil der Veränderungen der Geldmenge auf das Nichtbankenverhalten zurückzuführen ist, daß mit anderen Worten die Geldnachfrage instabil ist, jedenfalls für westdeutsche Verhältnisse. Dies läßt erhebliche Zweifel aufkommen, ob die Geldmenge die behauptet dominante Rolle im Wirtschaftsablauf spielt.

TEIL I

Theorie des Monetarismus und Kritik

Vorbemerkungen

Um die im empirischen Teil dieser Arbeit vorgelegten Ergebnisse würdigen zu können, ist es nötig, zunächst auf die theoretischen Grundlagen des Monetarismus einzugehen. Eine umfassende Darstellung der Theorie ist nicht beabsichtigt, hierfür kann auf die vorhandene Literatur verwiesen werden[1].

Das Grundanliegen der Darstellung ist es, die testbaren Implikationen der monetaristischen Position hervorzuheben, um dann die vorgetragene Kritik anhand empirischen Materials auf ihre Gültigkeit zu prüfen.

Manche Facetten der Theorie bleiben daher unberücksichtigt. So wird zum Beispiel die „Inside Money — Outside Money"-Kontroverse[2] und

[1] Unter anderem Brunner, K., The „Monetarist Revolution" in Monetary Theory, in: Weltwirtschaftliches Archiv, Bd. 105 (1970), S. 1 ff.; ders., Eine Neuformulierung der Quantitätstheorie des Geldes, in: Kredit und Kapital, 3. Jg. (1970), S. 1 ff.; ders., A Survey of Selected Issues in Monetary Theory, in: Schweizerische Zeitschrift für Volkswirtschaft und Statistik, Bd. 107 (1971), S. 1 ff.; ders. und Meltzer, A., Predicting Velocity: Implications for Theory and Policy, in: Journal of Finance, Bd. XVIII (1963), S. 319 ff.; dies., Some Further Investigations of Demand and Supply Functions for Money, in: The Journal of Finance, Bd. 19 (1964), S. 240 ff.; dies., Liquidity Traps for Money, Bank Credit, and Interest Rates, in: The Journal of Political Economy, Bd. 76 (1968), S. 1 ff.; dies., A Monetarist Framework for Aggregative Analysis, in: Brunner, K. (Hrsg.), Proceedings of the First Konstanzer Seminar on Monetary Theory and Monetary Policy 1970, Kredit und Kapital, Bd. 5 (1972), Beiheft 1; dies., Fiscal and Monetary Policy in a Non-Keynesian World, o. J. (hektografiert); Friedman, M., Money: Quantity Theory, in: International Encyclopedia of the Social Sciences, Bd. 10, New York 1968, S. 432 ff.; ders., A Theoretical Framework for Monetary Analysis, NBER Occasional Paper 112, New York 1971; ders., A Monetary Theory of Nominal Income, in: The Journal of Political Economy, Bd. 79 (1971), S. 323 ff.; ders., Die optimale Geldmenge und andere Essays, München 1970 (Originalausgabe: The Optimum Quantity of Money and Other Essays, Chicago 1970); Gebauer, W., The Theory of Monetarism, in: Zeitschrift für die gesamte Staatswissenschaft, Bd. 129 (1973), S. 23 ff.; Park, Y., Some Current Issues on the Transmission Process of Monetary Policy, in: International Monetary Fund Staff Papers, Bd. XIX (1972), S. 1 ff.

[2] Die Unterteilung Inside Money - Outside Money geht zurück auf eine Arbeit von Gurley und Shaw (Gurley, J. G. und Shaw, E. S., Money in a Theory of Finance, Washington). Eine kritische Würdigung des Inside

die Diskussion, die sich an die Arbeit von Pesek und Saving[3] anschloß, auf einem Raum behandelt, welcher — ihrer theoretischen Bedeutung nach — zu gering bemessen ist. Die Relevanz dieser Kontroverse wird auf eine empirisch zu entscheidende Frage reduziert. Mit der Pesek-Saving-Argumentation kann theoretisch begründet werden, daß die Geldmengenpolitik via Vermögenseffekte auf die Gesamtnachfrage einwirkt. Ist dem so, dann muß es in der Macht der Zentralbank stehen, durch Variationen der Geldmenge das Nettovermögen der Privaten zu ändern. Daß die Geldpolitik einen überaus kräftigen Effekt auf die Gesamtnachfrage haben soll, kann aber dann kaum begründet werden, wenn die Privaten einen wesentlichen Einfluß auf die Höhe der Geldmenge ausüben. Dies ist eine Frage, welche empirisch entschieden werden kann. Ähnlich wird mit manchen anderen Aspekten der Theorie verfahren werden.

Die Grundlagen des modernen Monetarismus hat Friedman geschaffen. Deshalb soll zunächst auf die Friedman'sche Formulierung der Quantitätstheorie eingegangen werden. Eine kondensierte Darstellung seiner Position findet sich in seinem grundlegenden Aufsatz „The Quantity Theory of Money — A Restatement"[4]. Im Anschluß an eine gedrängte Darstellung der zentralen Aussagen dieses Restatements wird dann auf die Theorie der relativen Preise und auf die vielerlei Effekte, die Geldmengenänderungen zugeschrieben werden, einzugehen sein.

Die Behandlung des Geldbasiskonzepts und der Determinanten der Geldmenge bildet den zweiten Teil der theoretischen Darstellung.

A. Geldmenge und ökonomische Aktivität

1. Die Friedman'sche Neuformulierung der Quantitätstheorie

a) Die zentralen Aussagen des „Restatements"

Die Quantitätstheorie hat eine lange Geschichte, in deren Verlauf sie mehrfach Modifikationen erfahren hat. Aber gleichgültig in welcher Version sie angeboten worden ist oder wieder angeboten wird, bestand oder besteht eine ihrer wichtigsten Aussagen darin, daß es die Geld-

---

Money - Outside Money-Konzeptes findet sich bei Johnson, H. G., Inside Money, Outside Money, Income, Wealth and Welfare in Monetary Theory, in: Journal of Money, Credit and Banking, Bd. 1 (1969), S. 30 ff. sowie bei Claassen, E. M., Probleme der Geldtheorie, Berlin u. a. 1970, S. 178 ff. Zu den Begriffen selber siehe weiter hinten I B. 2.

[3] Pesek, B. P. und Saving, T. R., Money, Wealth and Economic Theory, New York u. a. 1967. Zur Pesek-Saving-These siehe weiter hinten I B. 2.

[4] Zuerst erschienen in: Friedman, M. (Hrsg.), Studies in the Quantity Theory of Money, Chicago 1956, S. 3 ff.

menge sein müsse, welche von der Zentralbank zu steuern sei und nicht irgendeine andere monetäre Variable. Die Begründung dafür ist sicherlich im Laufe der Zeit subtiler geworden. So stellte zum Beispiel der Kassenhaltungsansatz (Pigou, Marshall), in dessen Rahmen die Geldhaltung bereits aus einer Theorie der Wahlhandlungen zu erklären versucht wurde, einen theoretischen Fortschritt gegenüber dem Umlaufsgeschwindigkeitsansatz (Irving Fisher) dar, welcher noch die Annahme einer kurzfristigen konstanten Umlaufsgeschwindigkeit des Geldes brauchte, um eine Theorie der Geldwirkungen begründen zu können.

Mit seiner Neuformulierung hat Friedman eine weitere Facette in die Quantitätstheorie eingebracht, nämlich eine ausformulierte Hypothese über die Nachfrage nach Geld. Seit den Arbeiten von Friedman ruht das quantitätstheoretische Modell der Geldwirkungen auf drei Grundannahmen:

(1) Die Nachfrage der Wirtschaftssubjekte nach Geld ist eine stabile Funktion einiger weniger erklärender Variablen.

(2) Unter den die Geldnachfrage erklärenden Variablen befinden sich auch diejenigen Größen, welche das endgültige Ziel der Zentralbankpolitik darstellen (Nominaleinkommen, Preisniveau). Die Geldnachfragefunktion ist linear homogen in bezug auf diese Größen.

(3) Die tatsächlich vorhandene Geldmenge ist exogen, daß heißt außerhalb des Modells, determiniert. Vereinfachend wird angenommen, daß die Höhe der Geldmenge durch die Zentralbankpolitik bestimmt wird, das heißt, der Einfluß der Banken und Nichtbanken auf die Geldmenge ist vernachlässigbar klein.

Diese drei Annahmen konstituieren bereits die quantitätstheoretische Sicht der Geldwirkungen.

Die Geldnachfragefunktion sei

$$M^N = f(x_1, x_2, \ldots, x_n, Y) \tag{I.1}$$

M^N = nachgefragte Geldmenge; Y = das endgültige Ziel der Zentralbankpolitik (vereinfachend wird hier nur das Nominaleinkommen betrachtet); $x_1, x_2, \ldots. x_n$ = die restlichen die Geldnachfrage erklärenden Variablen. Die Annahme der linearen Homogenität dieser Funktion in bezug auf das endgültige Ziel Y erlaubt es, Gleichung (I.1) umzuformulieren in

$$\frac{M^N}{Y} = f(x_1, x_2, \ldots, x_n)$$

oder

$$Y = \frac{1}{f(x_1, x_2, \ldots, x_n)} M^N \tag{I.2}$$

Ausdruck (I.2) entspricht formal der Umlaufsgeschwindigkeitsgleichung, er besagt aber noch nichts über die Richtung der Kausalkette zwischen Geldmenge und Nominaleinkommen. Die Richtung der Kausalkette wird erst durch die Annahme (3) eindeutig festgelegt. Die tatsächlich vorhandene Geldmenge ist exogen determiniert ($\overline{M}$), im Gleichgewicht gilt $M^N = \overline{M}$, die reduzierte Form des Modells ist dann

$$(I.3) \qquad Y = \frac{1}{f(x_1, x_2, \ldots, x_n)} \overline{M}$$

Dies ist eine eindeutige Aussage über die Geldwirkungen. Änderungen der exogen determinierten Geldmenge bewirken Anpassungsvorgänge. Da die Wirtschaftssubjekte annahmegemäß keine Möglichkeit haben, die Höhe der tatsächlich vorhandenen Geldmenge zu beeinflussen, wird ein Anpassungsprozeß in Gang gesetzt, der die Geldnachfrage der exogen determinierten Geldmenge angleicht. Dieser Prozeß erzwingt Änderungen bei den die Geldnachfrage determinierenden Variablen, er endet schließlich bei der Anpassung jener Größe, für welche die Geldnachfragefunktion als linear homogen angenommen wurde.

Ob dieser Prozeß auch in der Wirklichkeit genauso abläuft, hängt entscheidend davon ab, ob die Annahmen hinsichtlich der Geldnachfragefunktion realistisch sind. Es ist deshalb verständlich, daß die Neo-Quantitätstheoretiker zunächst sehr viel Mühe auf die Spezifikation der Geldnachfragefunktion verwandt haben. Als repräsentativ für diese Arbeiten seien hier die wichtigsten Aussagen des Friedman'schen „Restatements“ kurz behandelt.

Friedman[5] analysiert die Nachfrage nach Geld im Rahmen der Kapitaltheorie (oder Vermögenstheorie). Für die Vermögen haltenden Wirtschaftssubjekte stellt Geld eine Vermögensart dar, eine Form der Vermögenshaltung unter vielen. Die Nachfrage nach Geld behandelt Friedman analog zur Nachfrage nach Konsumgütern. Damit sind drei Hauptgruppen von Determinanten der Nachfrage nach Geld zu unterscheiden, nämlich

— die Höhe des Gesamtvermögens,

— der Ertrag der Geldhaltung und die Erträge konkurrierender Vermögensformen, und

— die „Neigungen“ und „Präferenzen“ der Vermögen haltenden Wirtschaftssubjekte.

Das Gesamtvermögen stellt — analog zur Budgetbeschränkung — die Obergrenze der Geldnachfrage dar. Friedman verwendet kein Meß-

[5] Die folgenden Ausführungen halten sich an Friedman, M., The Quantity Theory of Money — A Restatement, in: Friedman, M., Studies ..., S. 3 ff.

konzept für das Vermögen, sondern definiert Vermögen als den kapitalisierten Wert von Einkommensströmen. Nach dieser Definition zählt auch das menschliche Vermögen (human capital) zum Gesamtvermögen. Um die Erträge der zur Geldhaltung konkurrierenden Vermögensarten analytisch zu erfassen, geht Friedman davon aus, daß ein Wirtschaftssubjekt sein Vermögen neben einer Anlage in Geld prinzipiell noch in vier anderen Formen halten kann, nämlich in festverzinslichen Wertpapieren (bonds), in Beteiligungspapieren (equities), in Sachkapital und in Humankapital.

Nach einigen vereinfachenden Annahmen gelangt Friedman schließlich zu der folgenden Geldnachfragefunktion.

$$M^N = f\left(P, r_b, r_e, \frac{1}{P}\frac{dP}{dt}, w, Y, u\right) \quad \text{(I.4)}$$

P = Preisniveau; r_b beziehungsweise r_e = Erträge aus festverzinslichen Wertpapieren beziehungsweise Beteiligungspapieren, beides als Rendite verstanden, also unter Berücksichtigung von Kapitalwertänderungen; w = Verhältnis von nichtmenschlichem zu menschlichem Vermögen; Y = Nominaleinkommen; u = Variable, welche die „Neigungen" und „Präferenzen" repräsentiert.

Das Nominaleinkommen Y repräsentiert die Budgetbeschränkung. An sich gibt Y nur zusammen mit der Ertragsrate r des Vermögens Information über die Höhe des Gesamtvermögens W (es gilt ja $W = Y/r$). Aber Friedman macht die Annahme, daß die Ertragsrate r des Gesamtvermögens in systematischer Weise mit den Ertragsraten r_b und r_e variiert, dadurch erübrigt es sich, die ohnedies kaum quantifizierbare Größe r als Variable in die Geldnachfragefunktion einzubeziehen. Die Variable w fängt behelfsmäßig Substitutionsvorgänge zwischen menschlichem Kapital und anderen Vermögensformen ein. Friedman meint, daß ein Wirtschaftssubjekt um so mehr Kasse halten werde, je größer der Anteil des Humankapitals am Gesamtvermögen ist, denn dadurch werde die mangelnde Marktfähigkeit des menschlichen Kapitals ausgeglichen. Das Preisniveau P fängt den Ertrag der Geldhaltung ein, unter der Annahme, daß diese keine Zinsen erbringt. Mit steigendem (sinkendem) Preisniveau fällt (steigt) der Geldwert, weil der Wert von Sachkapital steigt (fällt). Das Halten von Sachkapital bringt keinen Ertrag in Form einer Rendite, aber es profitiert von Verringerungen des Geldwertes (Preissteigerungen); dies wird in der Geldnachfragefunktion durch die Preissteigerungsrate $\frac{1}{P}\frac{dP}{dt}$ erfaßt.

Die so konzipierte Geldnachfragefunktion enthält das Nominaleinkommen als Argument; unter der bereits erwähnten Annahme der linearen Homogenität bezüglich Y und P läßt sie sich auch schreiben als

$$Y = v\left(r_b, r_e, \frac{1}{P}\frac{dP}{dt}, w, \frac{Y}{P}, u\right) M^N \tag{I.5}$$

Das ist formal die Umlaufsgeschwindigkeitsgleichung. Sie weist aber aus, daß Friedman die Umlaufsgeschwindigkeit nicht mehr als (kurzfristig) konstant ansieht, sondern als eine Funktion jener Größen, welche für die Wirtschaftssubjekte das Halten von Geld mehr oder weniger attraktiv erscheinen lassen. Die Geldnachfragefunktion wird nun von Friedman als stabil postuliert, dann spiegeln gemäß Ausdruck (I.5) Änderungen des Geldeinkommens solche der Geldmenge wider.

Es kommt nun noch darauf an, zu belegen, daß die tatsächlich vorhandene Geldmenge exogen determiniert ist. Friedman hatte noch keine ausformulierte Geldangebotshypothese, wie sie vom Geldbasiskonzept geboten wird, er stellte historische Überlegungen an. Aus einer Untersuchung der zeitlichen Abfolge von geldpolitischen Maßnahmen der amerikanischen Zentralbank, entsprechenden Änderungen des Geldvolumens und darauf folgenden Änderungen der ökonomischen Aktivität schließt Friedman, daß die Kausalkette vom Geldvolumen zu der ökonomischen Aktivität beziehungsweise zu den Preisen verlaufe und nicht umgekehrt[6]. Zusammen mit der Annahme, daß sich Einflüsse der Nachfrage und des Angebots an Geld tatsächlich separieren lassen[7], wäre dies ein empirischer Beleg, daß der Geldmenge eine entscheidende Bedeutung für die Höhe der gesamtwirtschaftlichen Ausgaben zukommt.

b) Friedman und Keynes

Besonders betont sei, daß die postulierte Stabilität der Geldnachfragefunktion zum Prüfstein und zur conditio sine qua non der Effizienz der Geldmengenpolitik wird: Die Nachfrage nach Kassse ist stabil; die Höhe der Geldmenge wird von der Zentralbank bestimmt, der Wirtschaft bleibt nichts anderes übrig, als sich an die von der Zentralbank fixierte Geldmenge anzupassen. Friedman hat dies später pointiert ausgedrückt, so zum Beispiel: „The nominal stock of money is determined in the first instance by the monetary authority and cannot be altered by the non-bank holders of money[8].“ Oder: „Broadly speaking the public

---

[6] Siehe Friedman, M. und Schwartz, A., A Monetary History of the United States 1867 - 1960, Princeton 1963, S. 686 ff.

[7] Die „Real-Bills-Lehre“, nach der Änderungen der Geldnachfrage sich selbst Änderungen des Geldangebots schaffen können, lehnt Friedman ab (vgl. Friedman, M. und Schwartz, A.).

[8] Friedman, M., The Demand for Money — Some Theoretical and Empirical Results, in: The Journal of Political Economy, Bd. 67 (1959), S. 330.

as a whole cannot by itself affect the total number of dollars available to be held — this is determined primarily by the monetary institutions[9]."

An anderer Stelle beschreibt Friedman den unterstellen Mechanismus der Anpassung an eine Geldmengenvariation genauer: „For any individual separately, it ... is true that he can control the amount of cash that he holds. ... For all individuals combined, however, the appearance that they can control their cash balances is an optical illusion. One individual can reduce or increase his cash balance only because another individual or several others are induced to increase or reduce theirs .... If individuals as a whole were to try to reduce the number of dollars they held, they could not .... In trying to do so, however, they would raise the flow of expenditures and of money income since each would be trying to spend more than he receives .... In the process, prices would tend to rise, ...[10]."

Mit anderen Worten: Zentralbankpolitisch bewirkte Veränderungen der Geldmenge bürden der Wirtschaft die Last der Anpassung auf. Erhöht eine geldpolitische Maßnahme die tatsächliche Geldmenge im Verhältnis zur gewünschten, so verursachen die Anstrengungen der Nichtbanken die „überschüssige" Geldmenge in andere Vermögensanlagen umzuwandeln, Preissteigerungen bei diesen Anlagen; der Prozeß dauert so lange, bis das Nominaleinkommen so weit gestiegen ist, daß die tatsächlich vorhandene Geldmenge zur gewünschten geworden ist. Erst dann geben sich die (privaten) Wirtschaftssubjekte zufrieden und stellen ihre Versuche ein, die „heiße Kartoffel" dem Nachbarn in die Hand zu drücken.

So formuliert wird deutlich, wie weit Friedman sich von der Keynes'schen Analyse der Liquiditätspräferenz hat inspirieren lassen. Nach Keynes führt eine zentralbankpolitisch bewirkte Erhöhung der Geldmenge über jenen Betrag hinaus, welchen das Publikum bei der herrschenden Liquiditätspräferenz zu halten wünscht, bei zunächst gegebener Nachfrage nach Transaktionskasse zu Versuchen des Publikums, durch Käufe von „Bonds" (der einzigen Alternative zur Geldhaltung, die Keynes nach herrschender Interpretation sah) die „zuviel vorhandene" Geldmenge loszuwerden. Das Publikum als Ganzes schafft es nicht, die exogen determinierte Geldmenge zu verändern; die Versuche dazu treiben die Wertpapierkurse in die Höhe und senken „den" Zinssatz. Der Prozeß des Geldverschiebens dauert so lange, bis der Zinssatz

[9] Friedman, M., The Supply of Money and the Price Level, in: Carson, D. (Hrsg.), Money and Finance, New York 1966, S. 148.

[10] Friedman, M., Statement on Monetary Theory and Policy, wieder abgedruckt in: Smith, W. und Teigen, R. L. (Hrsg.), Readings in Money, National Income and Stabilization Policy, Homewood (Ill.) 1965, S. 83.

genügend gesunken ist, daß sich das Publikum zufrieden gibt, die erhöhte Geldmenge in das Portefeuille aufzunehmen[11].

Die Analogie der Friedman'schen Erklärung des Durchwirkens monetärer Impulse mit der Keynes'schen Analyse einer Veränderung des Geldangebots ist unübersehbar. Dies hat einige Stellungnahmen dahingehend hervorgerufen, daß Friedman nichts anderes sage als Keynes — so unter anderem von Patinkin[12], Joan Robinson[13], N. Kaldor[14] und H. C. Wallich[15]. Allerdings scheint diese Kritik einen zentralen Punkt der Friedman'schen Auffassung zu übersehen. Friedman meint dazu: „The difference between us and the Keynesians is less in the nature of the process than in the range of assets considered. The Keynesians tend to concentrate on a narrow range of marketable assets and recorded interest rates. We insist that a far wider range of assets and interest rates must be taken into account — such assets as durable and semi-durable consumer goods, structures and other real property. As a result, we regard the market rates stressed by the Keynesians as only a small part of the total spectrum of rates that are relevant ...[16]." Der Unterschied zwischen Friedman und Keynes liegt jedoch nicht nur in den Annahmen über den Bereich der Vermögenspositionen, welche in den Prozeß der Portfoliowahl involviert sind, sondern auch im Methodologischen. Sind also auch Vermögensobjekte, für die keine Marktzinssätze feststellbar sind (zum Beispiel Konsumgüter), in den Prozeß involviert und wirken Geldmengenvariationen auch über Kanäle, welche — so jedenfalls die Auffassung der Neo-Quantitätstheoretiker — noch nicht identi-

---

11 Unter normalen Umständen wird die ursprüngliche Geldmengenerhöhung nicht voll in die Spekulationskasse aufgenommen. Zinssenkungen regen die Investitionsgüternachfrage an und wirken damit über den Multikatorprozeß einkommenserhöhend. Mithin steigt im Zuge des Anpassungsprozesses auch die Nachfrage nach Transaktionskasse („Einkommenseffekt").

12 Don Patinkin meint, mit Bezug auf das Friedman'sche Restatement: „What Friedman has actually presented ... can only be seen as a continuation of the Keynesian theory of liquidity preference." (Don Patinkin, The Chicago Tradition, the Quantity Theory, and Friedman, in: Journal of Money, Credit, and Banking, Bd. 1 [1969], S. 47). In diesem Aufsatz glaubt Patinkin den Nachweis erbracht zu haben, daß Friedman nicht in der Tradition der Chicago-Schule stünde, sondern eigentlich Keynesianer sei. „... Milton Friedman provided us in 1956 with a most elegant and sophisticated statement of modern Keynesian monetary theory — misleadingly entitled ‚The Quantity Theory of Money — A Restatement'." (Don Patinkin, S. 61).

13 Robinson, J., Quantitätstheorien: Alt und Neu, in: Kalmbach, P. (Hrsg.), Der neue Monetarismus, München 1973, S. 138.

14 Kaldor, N., The New Monetarism, in: Lloyd's Bank Review, Juli 1970, S. 9.

15 Wallich, H. C., Quantity Theory and Quantity Policy, in: Fellner, W. u. a. (Hrsg.), Ten Economic Studies in the Tradition of Irving Fisher, New York u. a. 1967, S. 260 f.

16 Friedman, M., A Theoretical Framework ..., S. 28.

fiziert sind, so liegt der einzige erfolgversprechende empirische Approach in der Methode der positiven Ökonomik[17].

Das Funktionieren des Prozesses, welcher Änderungen der Geldmenge in Änderungen der nominalen Gesamtnachfrage transformiert, wird a priori unterstellt. Man darf es sich dann ersparen, diesen Prozeß auszuformulieren und in eine testbare Form zu bringen. Es genügt, eine einfache Relation zwischen Bruttosozialprodukt und Geldmenge herzustellen, etwa über die „velocity", und zu testen (Schätzungen der reduzierten Form).

c) *Geldmenge und Nichtbankenverhalten*

Im Friedman'schen „Restatement" erschien die Behauptung, daß es nur der Zentralbank, nicht aber dem Publikum möglich sei, die Geldmenge zu beeinflussen, noch als kategoriale Aussage. Als solche ist diese Aussage aber nicht haltbar. Die Nichtbanken haben durchaus die Fähigkeit, die Höhe der Geldmenge zu beeinflussen. Wer oder was soll das Publikum davon abhalten, das vagabundierende Geld — gäbe es denn solches — dazu zu verwenden, Bankschulden zu tilgen oder aber lediglich Geldkapital zu bilden? Im ersten Fall erhöht sich die Reservehaltung der Banken in Relation zum Geschäftsvolumen, im zweiten Fall ändert sich das Allokationsverhalten des Publikums bezüglich des Geldvermögens. Gleiches gilt für den umgekehrten Fall. Das Publikum kann seine Kassenhaltung aufbauen, ohne daß die Zentralbank aktiv werden muß. Zum Beispiel durch Kreditaufnahme mit entsprechender Gutschrift auf Sichtkonto oder durch Auflösung von Geldkapital.

Daß solche Möglichkeiten bestehen, wird von den Monetaristen um Brunner und Meltzer konzediert. Das zu beschreibende Geldbasiskonzept[18] läßt es theoretisch zu, daß neben der Zentralbank auch die Entscheidungen der Nichtbanken über die Allokation zufließender Mittel auf die verschiedenen Bankdepositen sowie die Reservegewohnheiten der Banken einen eigenständigen Einfluß auf die Geldmenge ausüben können. Aber empirisch sei nachgewiesen, daß der Einfluß der Zentralbank auf die Geldmenge dominiere. Damit wird es zu einer empirischen Frage deklariert, ob in der Tat das Publikum sich an zentralbankpolitisch bewirkte Geldmengenänderungen sehr weitgehend anpaßt. Freilich scheint es nicht damit getan zu sein, die Determination der Geldmenge zunächst zu einer offenen Frage zu erklären und dann empirisch zu belegen, daß eben doch von der Zentralbank der dominante Einfluß ausgehe. Die Determination der Geldmenge kann nämlich dann keine

---

[17] Vgl. Park, Y., Some Current Issues . . . , S. 26.

[18] Auf dieses Konzept wird in I C. 1. eingegangen.

empirische Frage sein, wenn die Theorie der Geldwirkungen auf dem Konzept von der Geldmenge als Bestandteil des Nettovermögens des privaten Sektors gründet. Erhalten Geldmengenvariationen ihre kräftige Wirkung durch einen Vermögenseffekt, dann darf das Allokationsverhalten des Publikums keinen wesentlichen Einfluß auf die Höhe der Geldmenge nehmen. Denn es wird kaum zu begründen sein, daß Geldmengenänderungen, welche zum Beispiel aus einer Umwandlung von Termin- oder Spareinlagen in Sichteinlagen resultieren, eine kräftige Wirkung auf die Gesamtnachfrage ausüben sollen. Solche Umschichtungen erzeugen weder Einkommensströme, noch erhöhen sie das Nettovermögen der Geldhalter. Sie sind allenfalls Ausdruck von (autonomen) Ausgabenentscheidungen. In der Regel wird man davon ausgehen können, daß ein Wirtschaftssubjekt, das Termin- oder Spareinlagen in Sichteinlagen umwandelt, Ausgaben tätigen möchte, für deren Abwicklung es über nicht genügend Kasse verfügt. Umschichtungen zwischen verschiedenen Einlagearten sind dann aber Folge und nicht Ursache von Ausgabenströmen.

Diesem Problemkreis ist ein großer Teil der folgenden Ausführungen gewidmet. Zunächst wird der Transmissionsmechanismus der relativen Preise, der auf dem Konzept vom Geld als Vermögen aufbaut, beschrieben. Danach werden die kritischen Punkte behandelt. Der Frage, inwieweit die Zentralbank tatsächlich die Geldmenge dominiert, wird im empirischen Teil dieser Arbeit nachgegangen.

2. Der Transmissionsmechanismus der Geldmengenpolitik

Die von Brunner und Meltzer entwickelte Transmissionstheorie monetärer Impulse[19] hat als bemerkenswerte Eigentümlichkeit, daß die zentralen Variablen nicht Stromgrößen sind (Kreditgewährung, Zahlungsvolumen, Volkseinkommen), sondern ausschließlich Bestandsgrößen (Geldbasis, Geldmenge, Bestände an Finanzaktiva und Sachaktiva). Die Verbindung zwischen zentralbankpolitischen Maßnahmen und dem endgültigen Ziel der Zentralbankpolitik — der monetären Gesamtnachfrage — wird durch eine Anpassung von Bestandsgrößen an Konditionen hergestellt, welche durch die Geldpolitik beeinflußt werden können, ein Prozeß, der üblicherweise mit dem Begriff „Portfolio selection" (Portfoliowahl) oder „adjustment of balance sheet" umschrieben wird. Seit einiger Zeit wird dafür auch der Begriff „Theorie der relativen Preise" verwendet.

Diese Theorie ist in ihren Elementen keinesfalls neu. Sie kombiniert die Keynes'sche Analyse der Liquiditätspräferenz mit einem Spezialfall

[19] Zur Darstellung dieser Theorie vgl. die in Fußnote 4 angeführten Arbeiten von Brunner und Meltzer.

der „Spar-Vermögen-Relation“[20], welche in ihrer ursprünglichen Fassung besagte, daß mit einer Erhöhung der Konsumausgaben zu rechnen ist, wenn das Vermögen des privaten Sektors zunimmt. Freilich ist die Theorie der relativen Preise die konsequenteste Formulierung einer kapitaltheoretischen Begründung der Geldwirkungen.

Es sei nun kurz derjenige Prozeß beschrieben, der — so die Theorie — zentralbankpolitische Impulse via Portfoliowahl in Veränderungen der monetären Gesamtnachfrage transformiert. Nach der Theorie der relativen Preise wirken Geldmengenvariationen auf die Gesamtnachfrage über zwei Effekte, die sich zumindest gedanklich trennen lassen, nämlich

— über eine Änderung der Vermögensstruktur (Vermögensstruktureffekte) und

— über eine Änderung der Höhe des Nettovermögens der privaten Wirtschaftssubjekte (Effekte der Vermögenshöhe).

a) *Vermögensstruktureffekte*

Das Vermögen der Wirtschaftssubjekte besteht aus Geldmenge (Bargeld, Sichtdepositen), aus finanziellen Aktiva, darunter solche in „geldnaher“ Form wie Termineinlagen, Spareinlagen, beleihbare Sparbriefe, Schatzwechsel u. ä. und solche in „geldferner“ Form wie festverzinsliche Wertpapiere und Aktien sowie aus Sachkapital. Dabei wird der Begriff des Sachvermögens sehr weit gefaßt, er enthält neben Bauten und Ausrüstungen der Unternehmen auch die Lagerhaltung aller Güter in den Haushalten, also auch Konsumgüter. Alle diese Vermögenstitel erbringen Erträge pekuniärer und nicht-pekuniärer Art[21]. Die Wirtschaftssubjekte sind bestrebt, den Gesamtertrag des Vermögens zu maximieren. Darf man annehmen, daß bei den einzelnen Vermögensobjekten Durchschnittsertrag und Grenzertrag auseinanderfallen, daß also mit zunehmender (abnehmender) Menge eines im Portefeuille gehaltenen Vermögensobjektes dessen marginaler Ertrag sinkt (steigt), so gibt es eine bestimmte Zusammensetzung des Vermögens, welche den Gesamtertrag zu einem Maximum macht. Die Wirtschaftssubjekte sind permanent bemüht, diese ertragsmaximale Vermögensstruktur herzustellen. Dies gibt der Geldmengenpolitik die Chance, auf Ausgabendispositionen einzuwirken. Stehen — wie angenommen — alle Vermögensobjekte in Konkurrenz- bzw. Substitutionsbeziehung zueinander

[20] Zur Geschichte dieser Relation vgl. Metzler, L. A., Wealth, Saving, and the Rate of Interest, in: The Journal of Political Economy, Bd. 59 (1951), S. 93 ff. und Claassen, E. M., Probleme . . . , S. 172 ff.

[21] Mit nicht-pekuniären Erträgen sind Nutzenströme gemeint, welche nicht auf Märkten gehandelt werden.

und achten die Wirtschaftssubjekte ständig darauf, daß die letzte, für die Kassenhaltung eingeplante Geldeinheit in allen Verwendungsarten den gleich hohen Grenzertrag erbringt, dann stören zentralbankpolitisch bewirkte Änderungen der Geldmenge die optimale Vermögensstruktur und erzeugen Anpassungsprozesse, die die Nachfrage nach sämtlichen Vermögensobjekten berühren und die schließlich auch die Ausgaben für Güter und Dienstleistungen erreichen.

Es sei nun eine zentralbankpolitisch bewirkte Erhöhung der Geldmenge betrachtet: Die Zentralbank erwirbt auf dem offenen Markt Wertpapiere von Nichtbanken. Der Kurs der betreffenden Wertpapiere steigt, ihr Ertrag (Rendite) sinkt. Die Nichtbanken sind in den Besitz von zusätzlicher Geldmenge gelangt. Die neue Vermögensstruktur ist suboptimal, solange es — und dies wird in der Regel der Fall sein — noch andere Wertpapiere gibt, deren Preis weniger gestiegen, deren Ertrag weniger gesunken ist als bei den zuerst gehandelten Papieren. Vorausgesetzt, die „zuviel vorhandene" Geldmenge wird nicht zur Tilgung von Bankschulden verwendet, wird eine Nachfrage nach diesen Wertpapieren einsetzen, wodurch auch deren Preise steigen, deren Erträge sinken. Hiervon werden schließlich alle Finanzaktiva betroffen. Damit ist der Prozeß aber noch nicht zu Ende. Nunmehr wird nämlich auch das Sachkapital in den Transmissionsmechanismus involviert. Der Preis der Finanzaktiva ist in Relation zu dem des Sachvermögens gestiegen, das Sachkapital erbringt einen relativ höheren Ertrag, als Finanzaktiva. Damit wird die Portefeuillezusammensetzung wiederum geändert. Die Nachfrage nach Sachvermögen erhöht sich, dessen Preis steigt. Es ergeben sich nunmehr zwei weitere Substitutionsvorgänge. Bietet der Markt die Möglichkeit, die Nutzungen eines Aktivums nachzufragen, ohne das Aktivum selber erwerben zu müssen (Miete, Pacht, „Leasing"), so führt der steigende Preis des Sachkapitals dazu, daß die Nachfrage nach Nutzungen zunimmt. Die Substitution von Finanzaktiva durch Sachkapital führt aber auch zu einer Änderung in der Einkommensverwendung. Steigt der Marktwert des Sachvermögens, so bedeutet dies, daß die in Zukunft produzierten Güter billiger werden im Vergleich zu den bereits vorhandenen. Ist neu produziertes Sachkapital ein gutes Substitut zum bereits vorhandenen, so sind Anreize geschaffen, die Investitionen in Sachkapital zu erhöhen. Der Erwerb von Sachkapital wird ja um so attraktiver, je höher der Marktwert von Sachanlagen über deren Produktionskosten liegt. Eine zusätzliche Nachfrage nach Produktionsfaktoren wird ausgelöst.

Der beschriebene Transmissionsvorgang beruht also darauf, daß die zentralbankpolitisch bewirkte Erhöhung der Geldmenge durch sukzessive Anpassung einzelner Vermögensbestände schließlich auch die

Stromgröße monetäre Gesamtnachfrage beeinflußt. An den beschriebenen Anpassungsvorgängen ändert sich prinzipiell nichts, wenn der auslösende Impuls eine Offen-Markt-Transaktion der Zentralbank mit Geschäftsbanken, statt mit Nichtbanken, ist. Die Wirkungskette wird dadurch nur noch etwas verlängert, weil zunächst Anpassungsvorgänge bei den Banken ausgelöst werden. Die Banken gelangen in den Besitz von Zentralbankgeld. Ihre Entscheidung über eine Änderung der Vermögenszusammensetzung wird zunächst auch die Wertpapierbestände berühren, da eine Kreditvergabe nicht in das Belieben der Banken gestellt ist. Diese setzt ja eine entsprechende Kreditnachfrage voraus. Die Nachfrage der Banken nach Wertpapieren treibt die Kurse in die Höhe. Verkaufen daraufhin Nichtbanken Wertpapiere, so wird ihnen der Gegenbetrag auf Sichtkonten gutgeschrieben. Gesetzt den Fall wie vorhin, die Nichtbanken verwenden diesen Betrag nicht zur Tilgung von Bankschulden, dann werden die oben beschriebenen weiteren Anpassungsprozesse ausgelöst. Eine analoge Argumentation gilt, wenn es nicht Offen-Markt-Käufe der Zentralbank sind, die den Banken disponibles Zentralbankgeld zuführen, sondern etwa Senkungen der Mindestreservesätze oder Erleichterungen der Refinanzierung oder Devisenkäufe der Zentralbank.

Allerdings muß schon hier angefügt werden, daß diese Transmissionstheorie spezifische institutionelle Gegebenheiten nicht genügend zu berücksichtigen scheint. So wie beschrieben, läuft der Transmissionsmechanismus in Westdeutschland nicht ab. Eine Zufuhr von disponiblem Zentralbankgeld setzt die westdeutschen Banken nicht sofort unter Aktionsdruck, ihr Aktivgeschäft auszuweiten. Die Bundesbank hat bislang den Kreditinstituten eine verzinsliche Anlage frei verfügbaren Zentralbankgeldes in liquiden Mitteln gestattet. In Zeiten unkontrollierter Zentralbankgeldbeschaffung — etwa durch spekulative Devisenbewegungen — wurde dies als durchaus angenehm empfunden. War doch die Anlage zufließenden Zentralbankgeldes in liquiden Aktiva eine Möglichkeit, die Banken davon abzuhalten, hektische Ausschläge im Bestand an Zentralbankgeld in ebenso hektische Ausschläge des Kreditangebots und des Kapitalmarktzinses zu transformieren. Daran mag man sich erinnern, wenn man beklagt, daß die Existenz liquider Mittel den reinen Transmissionsmechanismus der Zentralbankpolitik verschmutze.

b) Effekte der Vermögenshöhe

Es ist offensichtlich, daß Vermögensstruktureffekte für sich genommen nicht ausreichen, ein kräftiges Durchwirken von Geldmengenänderungen auf die Gesamtnachfrage zu statuieren. Sollen Geldmengenvariationen die behauptet überragenden Wirkungen haben, dann muß eine Zunahme (Abnahme) der Geldmenge nicht nur die Zusammensetzung des Portefeuilles der Wirtschaftssubjekte verändern, sondern auch die Höhe des Vermögens (netto) vergrößern (verkleinern).

Wenn durch eine Geldmengenvermehrung nicht auch das Nettovermögen erhöht wird, kann die Geldmengenpolitik allenfalls auf Zinseffekte bauen: Die Vermögensbesitzer werden ihre Bestände an Sachaktiva dann erhöhen, wenn ihre Nachfrage nach diesen Aktiva von Veränderungen in den Zinsrelationen beeinflußt wird. Die Geldmengenpolitik ist dann aber nur in dem Maße wirksam, in dem die Nachfrage nach Sachaktiva zinselastisch ist[22].

Zu den Vermögensstruktureffekten müssen noch Effekte der Vermögenshöhe hinzutreten. Das bedeutet, die Wirtschaftssubjekte müssen sich durch Erhöhungen der Geldmenge „reicher" fühlen, und dieses Gefühl, „bereichert" zu sein, muß die Ausgabendispositionen in nennenswertem Umfang beeinflussen. Da die Konstitution solcher Vermögenseffekte sich in der Literatur als äußerst komplexes Thema herausgestellt hat, welches noch sehr umstritten ist, wird in einem eigenen Punkt weiter hinten nochmals darauf eingegangen (siehe I B.2.).

B. Kritik der vermögenstheoretischen Begründung des Transmissionsmechanismus der Geldmengenpolitik

1. Zur „besonderen Stellung" der Geldmenge

Die vermögenstheoretische Begründung des Transmissionsmechanismus der Geldmengenpolitik behauptet, daß aus dem gesamten Vermögen des privaten Sektors zwei Positionen mit besonderen Eigenschaften ausgestattet sind, nämlich die Bargeldbestände und die Sichtdepositen bei Kreditinstituten. Änderungen der so definierten Geldmenge regieren sämtliche Vermögensdispositionen aller Vermögen haltenden Wirtschaftssbujekte des privaten Sektors. Änderungen der Geldmenge rufen Substitutionsvorgänge hervor, welche sich über sämtliche Aktiva er-

---

[22] So auch Davis: „The crucial point is that, if there are no important income or wealth effects stemming from the process of money creation, then this final substitution into goods can only take place as a result of the shifts in relative interest rates that are set in motion by the monetary process. If wealth holders' net worth is unchanged, and if their income is unchanged, they will be induced to try to shift into more extensive holdings of real assets only if their demand for such assets is sensitive to the changes in relative yields. If there are no income and wealth effects whatever, the impact of monetary changes on the real economy can be no swifter or more powerful than is permitted by the interest-rate responsiveness of the demand for real capital." (Davis, R. G., How Much Does Money Matter? A Look at Some Recent Evidence, in: Federal Reserve Bank of New York Monthly Review, Juni 1969, S. 129).

strecken und schließlich auch die Nachfrage nach neu produziertem Sachkapital erreichen. Von seiten der Keynesianer wird diese Rolle der Geldmenge bestritten. Im folgenden werden die beiden konkurrierenden Standpunkte dargestellt. Dabei soll versucht werden, die testbaren Implikationen herauszuarbeiten, um nach möglichen empirischen Anhaltspunkten zu suchen, welche die eine oder die andere Hypothese bestätigen könnten. Die keynesianische Kritik wird so vorgetragen, wie sie etwa von Goodhart[23] oder von Samuelson[24] aber auch von Tobin[25] formuliert worden ist[26]. Im Zentrum dieser Kritik stehen die vielfältigen Substitutionsmöglichkeiten zwischen Geld und liquiden Finanzaktiva, das heißt Geldsubstitutionen.

a) Geldmenge und Substitute

Was Geld von anderen liquiden Finanzaktiva ohne Kursrisiko unterscheidet, ist seine Eigenschaft, die Zahlungsmittelfunktion zu erfüllen. Genügt dieses Charakteristikum, um die „Einzigartigkeit" des Geldes statuieren zu können, um einen deutlichen Trennungsstrich zwischen Geld und anderen Finanzaktiva ziehen zu können? In der Beantwortung dieser Frage liegt ein grundlegender Dissens zwischen Keynesianern und Monetaristen.

Tobin vertritt die Ansicht: „Saving deposits, for example, are perfect substitutes for demand deposits *in every respect* (Hervorhebung v. Verf.) except as a medium of exchange[27]." Damit ist der Ansatzpunkt

---

[23] Goodhart, Ch., The Importance of Money, in: Bank of England Quarterly Bulletin, Bd. 10, Juni 1970; ders., The Transmission Mechanism of Monetary Policy, hektografiertes Manuskript.

[24] Samuelson, P., The Role of Money in National Economic Policy, in: Controlling Monetary Aggregates, Federal Reserve Bank of Boston, 1969.

[25] Tobin, J., A General Equilibrium Approach to Monetary Theory, in: Journal of Money, Credit, and Banking, Bd. 1 (1969); ders. und Brainard, W. G., Financial Intermediaries and the Effectiveness of Monetary Controls, in: American Economic Review, Bd. 53 (1963); ders. und Hester, D., Financial Markets and Economic Activity, Cowles Foundation, Monograph 21, New York 1967.

[26] Auf einen weiteren Aspekt, der unter zentralbankpolitischen Gesichtspunkten interessant ist, sei am Rande hingewiesen. Aus der Transmissionstheorie der relativen Preise ist die Aufgabe der Zentralbank, für die Steuerung der Geldmenge zu sorgen, nicht ableitbar. Anpassungen der Portefeuilles der Wirtschaftssubjekte können prinzipiell durch Interventionen wirtschaftspolitischer Instanzen auf allen Märkten, auf denen Finanz- oder Sachaktiva gehandelt werden, ausgelöst werden. Die Zentralbank ausgerechnet auf die Steuerung der Geldmenge festzulegen, erscheint so gesehen als eine unverständliche Einengung der Zentralbankpolitik. Siehe auch Neubauer, W., Strategien, Techniken und Wirkungen der Geld- und Kreditpolitik, Göttingen 1972, S. 54.

[27] Tobin, J., Commercial Banks as Creators of „Money", in: Smith, W. L. und Teigen, R. L. (Hrsg.), Readings in Money, National Income and Stabilization Policy, Homewood, Ill. 1965, S. 159.

der keynesianischen Kritik umrissen. Die keynesianischen Theoretiker vertreten die Ansicht, daß Finanzaktiva, besonders solche kurzfristiger liquider Natur (Termineinlagen, Spareinlagen, Schatzwechsel, Obligationen mit kurzen Laufzeiten), sehr enge Substitute für Geld sind, wohingegen Sachaktiva von den Wirtschaftssubjekten als weniger gute Substitute für Geld angesehen werden. Trivial formuliert: Wenn ein Individuum weniger Kasse hat als gewünscht, dann wird es eher liquide Finanzanlagen in Kasse umwandeln, als daß es seine Käufe von Gütern und Diensten einschränkt. Sind aber alle diejenigen Aktiva, welche am kurzen Ende des Liquiditätsspektrums rangieren, enge Substitute, dann läßt sich die „Geldmenge" nicht mehr besonders abheben. Dann kommt jener Untergruppe von Finanzaktiva, welche — mehr oder weniger willkürlich — als Geld bezeichnet wird, keine spezifische Bedeutung mehr zu[28]. Ein monetärer Impuls, welchen eine auf die Geldmenge gerichtete zentralbankpolitische Maßnahme auslöst, bewirkt dann vorrangig Substitutionsvorgänge im Bereich der Finanzaktiva, er wird hier schon weitgehend absorbiert. Dei Absorption einer Geldmengenvariation im Bereich der Finanzaktiva ist um so größer, je höher der Grad der Substituierbarkeit zwischen Geld- und Finanzaktiva ist. Zusammengefaßt: Die Keynesianer behaupten einen signifikant größeren Grad der Substituierbarkeit zwischen Kasse und Finanzaktiva, als zwischen Kasse und Sachaktiva. Geldmengenvariationen können dann keinesfalls einen kräftigen Effekt auf die Gesamtnachfrage ausüben.

Dagegen steht der monetaristische Standpunkt. Der Grad der Substituierbarkeit zwischen Kasse und Finanzaktiva ist nicht größer als derjenige zwischen Finanzaktiva und Sachaktiva. In der Sicht des Publikums ist Geld ein gleich gutes Substitut für Sachaktiva wie für Finanzaktiva. Wieder trivial ausgedrückt: Wenn ein Individuum zu wenig Kasse hat, dann hat es keine ausgeprägte Präferenz gegenüber diversen Möglichkeiten, eine neue Gleichgewichtsposition zu erreichen. Es wird in Erwägung ziehen, Finanzaktiva zu verkaufen, gleichermaßen kommt für das Individuum aber auch in Frage, weniger Güter und Dienste zu erwerben. Es gibt keine Vermögensanlage, für die Geld ein besseres Substitut wäre, als für eine andere.

Diese Sicht der Geldwirkungen gründet sich also darauf, daß Geld in seiner Eigenschaft als Wertaufbewahrungsmittel („Vermögen") allen anderen Aktiva gleichwertig ist. Jedoch die Zahlungsmittelfunktion konstituiert eine Einzigartigkeit des Geldes unter allen Aktiva. Mag letzteres noch unbestritten sein, so ist die erstere Behauptung starken Zweifeln auszusetzen.

---

[28] Goodhart, The Importance ..., S. 166.

Wie Tobin[29] eingehend begründet hat, sind zwei Aktiva in der Sicht der Vermögen haltenden Wirtschaftssubjekte dann gute Substitute, wenn ihr Halten mit denselben Risiken verbunden ist. Zwei Aktiva werden dann nicht als gute Substitute betrachtet, wenn ihr Halten mit Risiken verbunden ist, welche gegenseitig voneinander unabhängig sind. Unter dem Gesichtspunkt der Unabhängigkeit der Risiken lassen sich die Aktiva der Vermögen haltenden Wirtschaftssbujekte grob in zwei Untergruppen einteilen.

Die erste Untergruppe besteht aus Geld sowie kurzfristigen Finanzaktiva und aus Staatsschuldtiteln. Diesen Aktiva ist gemeinsam, daß das Risiko, daß die Schuldner (Banken, öffentliche Hand) ihrer Verbindlichkeit nicht nachkommen können, praktisch gleich Null ist. Ein Risiko des Haltens dieser Gruppe von Aktiva besteht aber in der Ungewißheit über die künftige Preisentwicklung. Steigen die Preise stärker als erwartet, dann ist eine unvorhergesehene Einbuße des Realwerts des Vermögens hinzunehmen.

Die zweite Untergruppe der Vermögensobjekte besteht aus Sachkapital sowie verbrieften Ansprüchen auf das Sachvermögen (Beteiligungspapiere wie Aktien, Industrieobligationen u. dgl.). Das Halten von Sachkapital beziehungsweise von Beteiligungsrechten am Sachkapital ist mit völlig anderen Risiken ausgestattet als bei der ersten Untergruppe. Das Halten von Sachvermögen ist bekanntlich eine gute Versicherung gegen unerwartete Preissteigerungen. Auch der Marktwert von Beteiligungspapieren wird von Preissteigerungen profitieren. Dafür sind Beteiligungspapiere mit demselben Risiko versehen, wie jede Forderung gegen Private: Die Solvenz des Schuldners ist nicht garantiert. Auch kann das Sachkapital durch unerwartete Abschreibungen entwertet werden: Es besteht Ungewißheit, inwieweit der technische Fortschritt die Leistungsfähigkeit vorhandener Ausrüstungen überholt.

Zwischen den genannten zwei Untergruppen von Vermögensobjekten werden keine nennenswerten Substitutionsvorgänge stattfinden. Viele Menschen sind beispielsweise an das Kontensparen gewohnt, weil sie die stets garantierte Solvenz einer Bank als Schuldner schätzen und außerdem das Risiko von Nominalwertverlusten scheuen. Sie werden es kaum unternehmen, allein deshalb nennenswerte Beträge von Bankkonten abzubuchen und damit Sachkapital zu erwerben, weil die Zentralbank eine expansive Offen-Markt-Politik betreibt. Vielmehr ist damit zu rechnen, daß eine offenmarktpolitisch bewirkte Erhöhung der Geldmenge zu einem Aufbau der Geldkapitalbildung führt, also etwa

[29] Tobin, J., An Essay on the Principles of Debt Management, in: Fiscal and Debt Management Policies, Commission on Money and Credit, Englewood Cliffs 1963, S. 143 ff. insbesondere Abschnitt „Correlations of Risks among Debt Instruments and Capital Equity“.

auf Termin- und Sparkonten umgeschichtet wird. Der auslösende monetäre Impuls wird dann aber im Bereich der Finanzaktiva absorbiert und erreicht nicht die Nachfrage nach Sachkapital. Diese Analyse verwirft also die monetaristische Hypothese, die eine eigenartige Arbeitsteilung zwischen den Geldfunktionen — die Zahlungsmittelfunktion hebt die Geldmenge von allen anderen Vermögenspositionen ab, die Wertaufbewahrungsfunktion macht die Geldmenge allen anderen Vermögenspositionen gleich — als konstitutiven Bestandteil einer Theorie der Geldwirkungen braucht.

Die Frage, wie weit jene Substitutionsvorgänge reichen, welche durch Geldmengenvariationen ausgelöst werden, kann letztlich nur empirisch entschieden werden. Der Grad der Substituierbarkeit zweier Güter wird üblicherweise mit der Kreuz-Preis-Elastizität gemessen. Berücksichtigt man, daß der Zins sich invers zum Preis eines Finanzaktivums verhält, dann wäre eine von Null verschiedene, negative Zinselastizität der Geldnachfrage ein Indiz dafür, daß Geldmenge und Finanzaktiva aus der Sicht der Wirtschaftssubjekte Substitute sind, und zwar um so bessere, je höher (absolut) diese Zinselastizität ist.

Da von der Höhe der Zinselastizität der Geldnachfrage mehr abhängt, als nur die Effizienz der Geldmengenpolitik, seien — bevor die Frage beantwortet wird — die beiden konkurrierenden Standpunkte, Keynesianismus versus Monetarismus, in einer formalen Analyse dargestellt.

b) Zur Stellung der Geldmenge im Einkommen-Ausgaben-Modell

Die Höhe der Zinselastizität der Geldnachfrage ist nicht nur entscheidend für den Erfolg der Geldmengenpolitik, sondern auch für die Wirksamkeit der Fiskalpolitik. Dies sei anhand eines Modells erläutert, welches sowohl den klassischen (quantitätstheoretischen) als auch den keynesianischen Standpunkt abdeckt. Das Modell und seine Prämissen sind aus den einschlägigen Lehrbüchern bekannt, deshalb kann eine eingehende Erläuterung hier entfallen[30].

$$Y = C + I + G \tag{I.6}$$

$$M^A = M^N \tag{I.7}$$

$$C = C_0 + cY^d \tag{I.8}$$

$$Y^d = Y - T \tag{I.9}$$

$$T = T_0 + tY \tag{I.10}$$

---

[30] Vgl. Smith, W. L. und Teigen, R. L. (Hrsg.), Readings in Money, National Income and Stabilization Policy, Homewood, Ill. 1965, S. 1 ff.

(I.11) $$I = I_0 - vr$$

(I.12) $$G = \bar{G}$$

(I.13) $$M^N = kY - mr$$

(I.14) $$M^A = \overline{M}$$

(I.6) und (I.7) sind die beiden partiellen Gleichgewichtsbedingungen: Konsumausgaben (C), Investitionsausgaben (I) und Staatsausgaben (G) entsprechen dem gesamtwirtschaftlichen Output (Y) in einer geschlossenen Wirtschaft mit staatlicher Aktivität (Gleichgewicht im güterwirtschaftlichen Bereich); das Geldangebot (M^A) muß gleich der Geldnachfrage (M^N) sein (Gleichgewicht im monetären Bereich). Die Konsumfunktion (I.8) beschreibt die Konsumausgaben, bei gegebener marginaler Konsumneigung c, in Abhängigkeit vom verfügbaren Einkommen (Y^d), das dem Einkommen nach Besteuerung (T) entspricht (I.9). (I.10) zeigt das Steueraufkommen bei gegebenem marginalen Steuersatz t (direkte Steuer, die nur Haushalten auferlegt wird), $\overline{G}$ sind die Staatsausgaben für Güter und Dienstleistungen (I.12). Die Investitionsausgaben werden als Funktion des Zinsatzes r angesetzt (I.11). Schließlich zeigt (I.13) die Geldnachfrage (M^N) in Abhängigkeit vom Einkommen (Transaktionsmotiv) und vom Zinssatz (Spekulationsmotiv). Gleichung (I.14) drückt aus, daß das Geldangebot als exogen determiniert angenommen wird ($\overline{M}$), ein Geldschöpfungsvorgang, in dessen Verlauf auch Banken und Nichtbanken auf die Höhe der Geldmenge einwirken, wird durch das Modell nicht erfaßt. C_0, T_0 und I_0 sind Absolutglieder.

Außerdem gilt $k = \frac{\partial M^N}{\partial Y}$, $m = \frac{\partial M^N}{\partial r}$ und $v = \frac{\partial I}{\partial r}$.

(I.8) - (I.11) in (I.6) eingesetzt und nach r aufgelöst ergibt

(I.15) $$r = -\frac{1 - c(1-t)}{v} Y + \frac{C_0 - cT_0 + I_0 + \bar{G}}{v}$$

Das ist der algebraische Ausdruck der bekannten IS-Kurve, welche alle Kombinationen von Volkseinkommen und Zinssatz zeigt, die das Gleichgewicht im güterwirtschaftlichen Bereich herstellen.

Andererseits ergibt (I.14) und (I.7) in (I.13) eingesetzt und nach r aufgelöst

(I.16) $$r = \frac{k}{m} Y - \frac{\overline{M}}{m}$$

Dies ist der algebraische Ausdruck der LM-Kurve[31], welche die verschiedenen Kombinationen von Einkommen und Zinssatz beschreibt, die das Gleichgewicht im monetären Sektor herstellen.

[31] Die Darstellung des Einkommen-Ausgaben-Modells mit Hilfe der IS-LM-Kurven geht zurück auf einen grundlegenden Aufsatz von Hicks (Hicks,

Das Einkommen im gesamtwirtschaftlichen Gleichgewicht ergibt sich, wenn (I.15) und (I.16) gleichgesetzt und nach Y aufgelöst wird.

(I.17) $$Y = \frac{1}{\frac{kv}{m} + 1 - c\,(1-t)} \left(C_0 - cT_0 + I_0 + \overline{G} + \frac{v}{m}\,\overline{M} \right)$$

Durch partielle Differentiation erhält man den Staatsausgabenmultiplikator

(I.18) $$\frac{\partial Y}{\partial \overline{G}} = \frac{1}{\frac{kv}{m} + 1 - c\,(1-t)}$$

und den Multiplikator der Geldmengenpolitik

(I.19) $$\frac{\partial Y}{\partial \overline{M}} = \frac{1}{k + \frac{m}{v}\,[1 - c\,(1-t)]}$$

Die klassische Sicht postulierte, daß Kasse, das heißt Geld, nur zu Transaktionszwecken gehalten wird. Die Höhe der nachgefragten Geldmenge ist dann ausschließlich eine Funktion des Einkommens, die Geldnachfragefunktion (I.13) reduziert sich dann auf

(I.20) $$M^N = kY$$

Es ist also die Annahme gemacht, daß der Zinssatz keine Rolle für die Höhe der Geldnachfrage spielt $\left(\frac{\partial M^N}{\partial r} = m = 0\right)$. Nun kommt die Größe m im Nenner sowohl des Staatsausgabenmultiplikators als auch des Multiplikators der Geldmengenpolitik vor. Die Zinselastizität der Geldnachfrage hat also Konsequenzen für die Wirksamkeit sowohl der Geldmengenpolitik als auch der Fiskalpolitik.

Betrachtet sei zunächst der Staatsausgabenmultiplikator (I.18). Unter der klassischen Annahme $m = 0$ wird der Ausdruck kv/m im Nenner des Staatsausgabenmultiplikators unendlich, der Multiplikator selbst mithin Null. In der klassischen Welt, das heißt bei zinsunelastischer Geldnachfrage, hat die Fiskalpolitik keine Wirkung auf den gesamtwirtschaftlichen Output. Ein Anstieg der Staatsausgaben vergrößert das Einkommen und damit die Nachfrage nach Transaktionskasse; bei unverändertem Geldangebot zwingt dies die Wirtschaftssubjekte, sich Geldmenge zu besorgen. Dies treibt das Zinsniveau nach oben, und zwar

---

J. R., Mr. Keynes and the „Classics“: A Suggested Interpretation, in: Econometrica, V; wieder abgedruckt in: Fellner, W. und Haley, B. F., Readings in the Theory of Income Distribution, Philadelphia u. a. 1946).

so weit, bis ein Rückgang der Investitionsnachfrage die erhöhten Staatsausgaben gerade kompensiert. Die Fiskalpolitik hat keinerlei Effekt auf die Höhe des Outputs, sie ändert lediglich die Allokation der Ressourcen; es werden Ressourcen aus dem privaten in den öffentlichen Sektor abgezogen.

Der Multiplikator der Geldmengenpolitik (I.19) erreicht unter der klassischen Annahme $m = 0$ seinen größtmöglichen Wert. Der Ausdruck m/v im Nenner des Multiplikators wird um so kleiner, je kleiner m wird. Ist m gleich Null, so hat der Nenner seinen kleinsten Wert, der Multiplikator selbst seinen Maximalwert erreicht. Oder mit anderen Worten: Je größer die Zinselastizität $\left(\left|-\frac{m}{M/r}\right|\right)$ der Geldnachfrage ist, desto geringer sind die Effekte einer gegebenen Veränderung der Geldmenge auf die Gesamtnachfrage.

Es ist ersichtlich, daß — modellgemäß — erst die Annahme einer von Null verschiedenen Zinselastizität der Geldnachfrage fiskalpolitischen Maßnahmen eine Chance gibt, auf die Höhe des gesamtwirtschaftlichen Outputs einzuwirken. Möglicherweise erklärt sich aus dieser Analyse, warum Friedman, der ja die Zinselastizität der Geldnachfrage in früheren Arbeiten für vernachlässigbar klein hielt[32], ein dezidiertes Votum gegen den Einsatz der Fiskalpolitik als Mittel der Globalsteuerung abgab.

Das andere Extrem ist die Liquiditätsfalle: Die Zinselastizität der Geldnachfrage ist unendlich groß $\left(\left|-\frac{m}{M/r}\right| = \infty\right)$, das bedeutet, daß auch m unendlich ist. Ist aber m unendlich, so wird der Nenner des Geldmengenmultiplikators (I.19) unendlich groß und der Multiplikator selbst gleich Null. Unter diesen Umständen ist die Geldmengenpolitik völlig wirkungslos.

Der Staatsausgabenmultiplikator (I.18) erreicht unter der Annahme der Liquiditätsfalle seinen größtmöglichen Wert. Der Ausdruck kv/m im Nenner des Staatsausgabenmultiplikators wird um so kleiner, je größer m wird, er wird gleich Null, wenn m unendlich ist. Dann hat der Nenner seinen kleinsten Wert, der Multiplikator seinen Maximalwert erreicht.

Als Ergebnis ist folgendes festzuhalten. Unter den Modellannahmen ist die Geldmengenpolitik tendenziell effizienter, wenn die Zinselasti-

---

[32] Friedman, M., The Demand for Money: Some Theoretical and Empirical Results, in: The Journal of Political Economy, Bd. 67 (1959), S. 327 ff. Später (1971) hat jedoch Friedman klar und deutlich ausgedrückt, daß er den Zinssatz für eine wichtige Determinante der Geldnachfrage hält; siehe Friedman, M., A Theoretical Framework ..., S. 13 ff.

zität der Geldnachfrage gering, diejenige der Investitionsausgaben groß ist. Dann haben Veränderungen in der Geldmenge eine relativ kräftige Wirkung auf den Zinssatz und über die Investitionsausgaben auf die Gesamtnachfrage. Im Gegensatz dazu ist die Fiskalpolitik dann relativ effizient, wenn die Zinselastizität der Geldnachfrage groß, diejenige der Investitionsausgaben gering ist. Eine Steigerung der Staatsausgaben ohne Geldmengenvermehrung hat dann nämlich keinen großen Effekt auf den Zinssatz, die Investitionsausgaben werden kaum gehemmt, da ihre Zinselastizität überdies gering ist.

c) Möglichkeiten der empirischen Überprüfung

So gefaßt, würden die bisher vorliegenden empirischen Anhaltspunkte für die Keynesianer und gegen die Monetaristen sprechen. Denn eine hohe Zinselastizität der Geldnachfrage ist ein Indiz dafür, daß Geld und Finanzaktiva in der Sicht der Wirtschaftssubjekte gute Substitute zueinander darstellen. Sind aber Geldmenge und Finanzaktiva gute Substitute, so wird eine zentralbankpolitisch bewirkte Änderung der Geldmenge im Bereich der Finanzaktiva bereits weitgehend aufgefangen und beeinflußt kaum die Nachfrage nach Sachkapital. Alle bisher vorgelegten empirischen Arbeiten (Ausnahme: der frühe Friedman) haben Evidenz dafür erbracht, daß die Zinselastizität der Geldnachfrage beträchtlich von Null verschieden (die Höhe schwankt allerdings von Autor zu Autor) und negativ ist[33]. Dies zusammen mit der — dem gegenwärtigen Stand der empirischen Forschung entsprechend — relativ gering zu veranschlagenden Zinsreagibilität der Gesamtnachfrage stützt die Hypothese, daß eine zentralbankpolitisch bewirkte Geldmengenvariation zu einem großen Teil bereits im Bereich der Finanzaktiva absorbiert wird; die resultierende Zinssatzvariation ist gering und trifft zudem auf eine kleine Zinselastizität der Gesamtnachfrage. Keinesfalls kann also eine Geldmengenveränderung den behauptet kräftigen Effekt auf die Gesamtnachfrage haben.

Nun wird dieser Analyse von den Monetaristen mit diversen Vorbehalten begegnet. Generell wird argumentiert, daß die Wirkung der

---

[33] Eine Zusammenstellung der empirischen Arbeiten zur Höhe der Zinselastizität der Geldnachfrage findet sich bei Goodhart, The Importance ..., Appendix I, Table A. Die ermittelten Zinselastizitäten schwanken zwischen — 0,07 und — 1,15. Die Schwankungsbreite ist auf die Verwendung unterschiedlicher Definitionen der Geldmenge und unterschiedlicher Zinssätze zurückzuführen. Jene Schätzungen, welche mit der eng definierten Geldmenge (Bargeldumlauf plus Sichtdepositen) und einem langfristigen Zinssatz durchgeführt wurden, ergaben übereinstimmend eine Zinselastizität der Geldnachfrage in der Größenordnung von — 0,7. Diese Ergebnisse verwerfen also die Hypothese, daß die Geldmenge die alleinige Determinante des gesamtwirtschaftlichen Outputs sei.

Geldpolitik in einem Einkommen-Ausgaben-Modell unterschätzt würde. Der Einwand scheint einige Berechtigung zu haben. Vermögenseffekte — gäbe es denn solche — werden in dem vorgetragenen Modell explizit nicht erfaßt, sie kämen allenfalls in einer komparativ-statischen Analyse in Verschiebungen der IS- und LM-Kurve zum Ausdruck. Auf die Vermögenseffekte wird im nächsten Abschnitt eingegangen.

Als weiterer Einwand wird vorgebracht, daß nicht mit „dem" Zinssatz schlechthin gearbeitet werden dürfe[34]. Die Geldpolitik wirke auf eine ganze Reihe von Sachaktiva und korrespondierende Ausgabenströme ein. Überdies seien jene Zinssätze, welche die Investitionsentscheidungen beeinflussen, interne Ertragssätze (implicit yields), die nicht beobachtbar seien und auf keinen Fall mit den am Markt festgestellten Zinssätzen übereinstimmten. Ferner könne die Geldmengenpolitik durch Kanäle wirken, die bisher noch nicht entdeckt worden seien. So gefaßt sind die Einwände selbstverständlich unwiderlegbar. Ein Rekurs auf nicht beobachtbare Zinssätze, welche die Ausgabenentscheidungen determinieren sollen, macht eine empirische Überprüfung von Zinselastizitäten einzelner Ausgabenkategorien unmöglich. Entweder wird auf eine solche Überprüfung ganz verzichtet — oder man vertraut auf die „Methode der positiven Ökonomik", das heißt, man sieht den zuverlässigsten empirischen Approach darin, die kurzgeschlossene Relation zwischen Geldmenge (oder einem anderen geldpolitischen Indikator) und ökonomischer Aktivität zu testen.

In jedem Falle bleiben solchermaßen abgestützte Behauptungen über die Geldwirkungen etwas im Dunkeln. Zwei Fragen sind offen. Eine kurzgeschlossene Relation zwischen Geldmenge und gesamtwirtschaftlichem Output herzustellen ist nur dann befriedigend, wenn der Zinssatz keinen Einfluß auf die Geldnachfrage hat. Friedman erklärt aber nun neuerdings unmißverständlich, daß der Zinssatz die Geldnachfrage in der Tat beeinflußt (siehe Fußnote 32). Dann kann aber eine Verbindung zwischen Geldmenge und Output über die Umlaufsgeschwindigkeit nicht mehr darauf verzichten, jene strukturellen Bedingungen zu spezifizieren, welche die Höhe des Zinssatzes determinieren. Dies führt zurück zu irgendeiner Theorie der Liquiditätspräferenz, das heißt, zu einem Ansatz, welcher aus dem Zusammenwirken von Geldangebot und Geldnachfrage nicht nur die Höhe des Nominaleinkommens oder des Preisniveaus erklärt, sondern auch die Höhe des Zinssatzes. Propagiert man dennoch einen Verlaß auf eine empirisch ermittelte kurzgeschlossene Relation zwischen Geldmenge und Sozialprodukt — eben weil man die Kanäle, durch welche Geldmengenvariationen wirken, nicht offenlegen kann — dann muß sehr viel Vertrauen in die Methode der posi-

---

[34] Vgl. hierzu die in I A. 1. b zitierte Äußerung Friedmans.

tiven Ökonomik investiert werden. Man geht dem Problem aus dem Wege, denjenigen Mechanismus zu überprüfen, der dafür sorgt, daß Änderungen der Geldmenge in Änderungen der Gesamtnachfrage transformiert werden; sein Funktionieren wird a priori unterstellt. Dadurch, daß man darauf verzichtet, die strukturellen Beziehungen zwischen Geldmenge und Gesamtnachfrage auszuformulieren, umgeht man aber noch ein weiteres Problem. Es ist immer möglich, eine reduzierte Form aufzustellen und die in der reduzierten Form auftretenden Parameter zu schätzen. Die Interpretation der Fakten ist aber durch eine Schätzung der reduzierten Form nicht eindeutig. Es ist keinesfalls so, daß eine Schätzung der reduzierten Form eine bestimmte Hypothese oder Theorie bestätigen, eine andere Hypothese oder Theorie widerlegen könnte. Um die zugrundeliegende Theorie überprüfen zu können, muß ein Rückschluß von den geschätzten Parametern der Gleichung der reduzierten Form auf die Koeffizienten der Strukturgleichungen möglich sein. Das ist das sogenannte Identifikationsproblem. Nur wenn ein solcher Rückschluß möglich ist, ist eine Theorie falsifizierbar[35]. Werden die dem Modell zugrundeliegenden Strukturgleichungen nicht ausformuliert, kann die Theorie auch nicht an der Wirklichkeit scheitern. Da mit Schätzungen der reduzierten Form alternative Interpretationen der Fakten verträglich sind, ist es auch methodisch unzulässig zu sagen, eine Theorie sei „empirisch bestätigt" (ein von Monetaristen häufig benutzter Ausdruck), wenn eine Schätzung der reduzierten Form den üblichen ökonometrischen Gütekriterien genügt.

Die „positive Ökonomik" wird als wissenschaftliche Methode kaum noch akzeptiert. Die Schwächen dieser Methode werden weiter hinten anhand der Diskussion um die relative Bedeutung fiskalischer und monetärer Impulse exemplarisch vorgeführt.

Als Fazit bleibt insgesamt festzuhalten, daß starke Bedenken gegen jene Hypothese vorzubringen sind, welche der Geldmenge eine überragende Stellung unter allen Aktiva zuweist, von der aus sie die Vermögensdispositionen der Vermögen haltenden Wirtschaftssubjekte beherrscht. Nach der vorgetragenen Kritik an den Vermögensstruktureffekten bleibt nunmehr zu untersuchen, inwieweit Effekte der Vermögenshöhe mit Geldmengenvariationen einhergehen.

---

35 Zum Identifikationsproblem vgl. etwa Johnston, J., Econometric Methods, New York u. a. 1963, S. 240 ff.

2. Kritik der Vermögenseffekte

a) Konstitution eines Vermögenseffekts durch Verhaltensannahmen — Inside Money, Outside Money und Vermögen

Pigou und Haberler waren wohl die ersten Autoren, die das Vermögen als Determinante der Ausgabenentscheidungen der Privaten in die postkeynesianische Diskussion einbrachten[36]. Pigou ging es darum, die Existenz eines Keynes'schen Unterbeschäftigungsgleichgewichts zu widerlegen. Selbst bei vollständig zinsunelastischer Investitionsneigung und/oder vollständig zinselastischer Liquiditätspräferenz („Liquiditätsfalle") könne der Zustand der Unterbeschäftigung kein Gleichgewichtszustand sein — so jedenfalls Pigou. Denn früher oder später werden die Arbeitslosen den Lohnsatz und damit die Preise herabdrücken. Dies führe eine Tendenz zur Vollbeschäftigung herbei, da ein Fallen des Preisniveaus die Konsumfunktion nach oben verschiebe, und zwar aus folgendem Grund[37]. Sinkt das Preisniveau, dann erhöht sich der Realwert der Kassenhaltung und der Finanzaktiva, deren Preise nominal fixiert sind. Wirtschaftssubjekte, die Kasse und Finanzaktiva halten, fühlen sich dadurch „reicher" und werden deshalb einen geringeren Teil ihres laufenden Einkommens zum Sparen verwenden, das heißt, sie werden bei gegebenem Einkommensniveau ihre Konsumausgaben erhöhen. Dieser Mechanismus, der die Konsumfunktion nach oben verschiebt, wird als „Pigou-Effekt" bezeichnet.

Freilich ist es nicht einfach zu begründen, warum die Wirtschaftssubjekte insgesamt sich aufgrund von Senkungen des Preisniveaus reicher fühlen sollten. Geld und Finanzaktiva haben den Charakter von Forderungen von Wirtschaftssubjekten, denen eine gleich hohe Verschuldung anderer Wirtschaftssubjekte gegenübersteht. Senkungen des Preisniveaus machen die Besitzer von Forderungen „reicher", dafür aber die Schuldner im gleichen Ausmaß „ärmer". Die Existenz eines Pigou-Effektes hängt also davon ab, daß Gläubiger und Schuldner bei ihren Ausgabendispositionen in unterschiedlicher Weise auf Preisniveausenkungen reagieren. Die Berechtigung dieser Annahme wird darin gesehen, daß die öffentliche Hand ein bedeutender Netto-Schuldner ist, während der private Sektor, der Staatspapiere hält, ein Netto-Gläubiger ist. Wenn man annehmen darf, daß die Ausgabenneigung des Staates nicht von seinem Vermögen beeinflußt wird, aber die marginale Konsumneigung im privaten Sektor in bezug auf das Vermögen positiv ist, dann werden sich bei Preisniveauänderungen die Gesamtausgaben ändern.

---

36 Vgl. Claassen, Probleme ..., S. 173.

37 Vgl. Pigou, A. C., Economic Progress in a Stable Environment, in: Economica, Bd. XIV, S. 180 ff.

Die Argumentation wurde später von Patinkin ausgearbeitet[38]; er analysierte aber in erster Linie die Wirkung von Änderungen im Realwert der Kassenhaltung („Realkasseneffekte"). Außerdem ließ er sich von einer anderen Intention leiten als Pigou[39].

Von zentraler Bedeutung für die Wirksamkeit des Realkasseneffekts ist die Frage, ob die Kassenhaltung überhaupt zum Nettovermögen des privaten Sektors zu zählen ist. Patinkin rechnet nicht die nach üblicher Definition abgegrenzte Geldmenge (Bargeldumlauf plus Sichtdepositen) zum Nettovermögen des privaten Sektors, sondern nur jene Zahlungsmittel, welche durch Forderungen an andere Sektoren (öffentlicher Sektor einschließlich Zentralbank, sowie das Ausland) gedeckt sind. Dies ist in der Terminologie von Gurley und Shaw das Außengeld (outside money)[40]. Außengeld entsteht, wenn Budgetdefizite des Staates durch die Zentralbank finanziert werden, oder wenn Auslandsforderungen der Privaten durch das Bankensystem monetisiert werden[41].

Das Innengeld (inside money) wird nicht zum Nettovermögen des privaten Sektor gerechnet. Innengeld wird durch die Kreditgewährung der Banken mit entsprechender Gutschrift auf Girokonto geschaffen. Solches Geld, das typischerweise durch Buchgeldschaffung der Kreditinstitute entsteht, kann nicht zum Nettovermögen des privaten Sektors zählen. Denn den so geschaffenen Sichtdepositen — Forderungen der Privaten gegen Banken — steht dann ja eine entsprechend hohe Verschuldung von Privaten bei Banken gegenüber. In der konsolidierten Bilanz des privaten Sektors heben sich Forderungen und Verbindlichkeiten der Privaten untereinander auf, also ist das Innengeld kein Bestandteil des Nettovermögens. Von einer Veränderung der Sichtdepositen gehen dann keine Vermögenseffekte aus. Sind Gläubiger und Schuldner der Bank nicht identisch, so können zwar bei den Haltern neu geschaffener Sichtdepositen Realkasseneffekte auftreten, dem stehen aber Realverschuldungseffekte bei den Bankschuldnern gegenüber, Beide neutralisieren sich[42].

Nun könnte die Argumentation für das Innengeld analog auch auf das Außengeld angewandt werden[43]. In der konsolidierten Bilanz des

---

38 Patinkin, D., Money, Interest and Prices, New York 1956 (2. Aufl. 1965).

39 Patinkin will mit dem Realkasseneffekt die Geldtheorie und Werttheorie integrieren, also die klassische Dichotomie (die relativen Preise bilden sich im realen Sektor, das Preisniveau wird im monetären Sektor der Volkswirtschaft bestimmt) auflösen.

40 Gurley, J. G. und Shaw, E. S., Money in a Theory of Finance, Washington 1960, S. 72 ff.

41 Das Außengeld entspricht der Zentralbankgeldmenge im privaten Sektor, ist also identisch mit der Geldbasis.

42 Das ist der Fall eines nach Patinkin neutralen Distributionseffekts (Patinkin, Money, Interest ..., 2. Aufl., 1965, S. 74).

privaten und des öffentlichen Sektors verschwinden alle Schuldner-Gläubiger-Beziehungen zwischen den Privaten und den öffentlichen Stellen und untereinander. Auch eine Änderung des Umfangs des Außengeldes bewirkt dann keine Änderung im Nettovermögen[44]. Die These, daß Änderungen der Geldmenge Vermögenseffekte auslösen, hat also offensichtlich gar nicht damit zu tun, ob denn nun die Geldmenge zum Nettovermögen zählt oder nicht. Es muß nach einer anderen Erklärung gesucht werden.

Die Hypothese, daß wenigstens Änderungen im Außengeld Vermögenseffekte hervorrufen, wird analog zum Pigou-Effekt begründet. Der öffentliche Sektor lasse bei seinen ökonomischen Entscheidungen seine Realverschuldungsposition außer acht; dies könne er, weil er imstande sei, seine Schulden dadurch zu tilgen, daß er neue Schulden eingeht. Änderungen des Außengeldes erzeugen also Realkasseneffekte bei den Privaten, die nicht durch Realverschuldungseffekte beim öffentlichen Sektor aufgehoben werden. Offensichtlich beruht also die Unterscheidung zwischen Innengeld und Außengeld nicht auf irgendeinem Meßkonzept für das Vermögen, sondern lediglich auf der Annahme einer asymmetrischen Reaktion verschiedener Wirtschaftssubjekte bezüglich ihrer Gläubiger-(Schuldner-)Position. Damit steht es allerdings frei, andere Sektoreneinteilungen vorzunehmen und damit weitere „Vermögenseffekte" zu statuieren, sofern entsprechende Verhaltensannahmen plausibel gemacht werden können. Letztlich bleibt also das Verfahren, Vermögenseffekte mit Verhaltensannahmen zu stützen, unbefriedigend.

b) Konstitution eines Vermögenseffekts ohne Verhaltensannahmen — die Pesek-Saving-These

Einen anderen Weg, Vermögenseffekte von Geldmengenvariationen zu statuieren, haben Pesek und Saving[45] eingeschlagen. Nach Pesek und Saving stellt nicht nur das Außengeld, sondern auch das Innengeld, das heißt der Bestand an Sichtdepositen, welche aus der Buchgeldschaffung resultieren, einen Teil des Nettovermögens der Privaten dar. Ist diese These richtig, dann hat dies weitreichende Konsequenzen für die Beurteilung der Effizienz der Geldmengenpolitik. Wird hier doch behauptet, daß die Zentralbank nach ihrem Belieben privates Vermögen schaffen beziehungsweise vernichten kann via Änderungen der Geldmenge. Ist die Vermögenshöhe eine Determinante der Ausgabenentscheidungen der Privaten, dann hat — bei Gültigkeit der Pesek-Saving-

---

43 Vgl. Park, Some Current Issues ..., S. 3 f.

44 Eine Monetisierung von Auslandsforderungen sei ausgenommen.

45 Pesek, B. P. und Saving, T. R., Money, Wealth, and Economic Theory, New York 1967.

These — die Geldmengenpolitik eine kräftige Wirkung auf die Gesamtnachfrage. Die Argumentation von Pesek und Saving sei hier kurz dargestellt.

Pesek und Saving legen ihrer Analyse einen sehr weiten Vermögensbegriff zugrunde: Vermögen ist der kapitalisierte Wert eines Einkommenstroms (flow of services). Zu jedem Einkommenstrom wird also ein Vermögensobjekt fingiert, welches diesen Strom abgibt. Bestandteil des Nettovermögens einer Volkswirtschaft sind solche Objekte, welche den Besitzern der Vermögensobjekte einen positiven Einkommenstrom verschaffen, ohne daß diesem ein negativer Einkommenstrom bei Nichtbesitzern gegenübersteht. Diesen Vermögensbegriff zugrunde gelegt, fällt es nicht mehr schwer, den Vermögenscharakter der Geldmenge zu statuieren. Ein Rekurs auf Annahmen über asymmetrische Reaktionen verschiedener Wirtschaftssubjekte bezüglich ihrer Gläubiger-(Schuldner-)Position ist nicht nötig. Die geforderte Konstellation bei den Einkommensströmen ist gegeben: Die Einführung des Geldes als Zahlungsmittel reduziert die Transaktionskosten gegenüber einer reinen Tauschwirtschaft — sie befreit den Tausch von der Notwendigkeit einer doppelten Koinzidenz (Übereinstimmung der Marktpartner über die zu tauschenden Güter und über den Zeitpunkt des Tausches). Die Zeitersparnis beim Tausch kann für Freizeit genutzt werden, oder für die Produktion von Kapitalgütern. Die Einführung von Geld liefert einen zusätzlichen Einkommenstrom, der kapitalisierte Wert des Einkommens stellt zusätzliches Vermögen dar. Dies gilt sowohl für Innengeld als auch Außengeld. Der Unterschied zwischen beiden ist lediglich institutioneller Natur — Außengeld wird von der Zentralbank, Innengeld von den Geschäftsbanken produziert.

Allerdings: Beim Innengeld fällt das zusätzlich geschaffene Vermögen nicht den Geldhaltern zu. Die Halter von Sichtdepositen sind bereit, auf eine Verzinsung zu verzichten, weil ihnen das Geld einen Nutzen stiftet (Ersparnis von Transaktionskosten). Der Bankier braucht für seine Sichtverbindlichkeiten keine Schuldzinsen zu bezahlen, er kann aber in Höhe der Sichtdepositen abzüglich der dafür zu haltenden Reserven Kredite gewähren, und dafür erhält er Darlehenszinsen. Damit stellt sich beim Bankier ein Einkommenszuwachs ein, welcher kapitalisiert wird und damit einen Vermögenszuwachs des privaten Sektors darstellt[46]. „While the depositors in and borrowers from a bank as a

[46] Angenommen, eine Bank kommt in den Besitz von Sichtdepositen in Höhe von 1 000 GE, worauf 10 % Mindestreserven zu halten sind. Die Bank kann dann 900 GE Kredite vergeben und entsprechend hohe zusätzliche Sichteinlagen schaffen. Gibt es einen einheitlichen Sollzinssatz in Höhe von 5 %, verschafft dies dem Bankier ein Einkommen von 45 GE. Der kapitalisierte Wert dieses Einkommens beträgt [45/5] 100 = 900 GE, dies entspricht genau der Höhe der zusätzlich geschaffenen Sichtdepositen.

group obtain no net increment of wealth from the existence of the bank, to assume that this conclusion holds for the economy as a whole is incorrect, because it overlooks the resultant creation of wealth for the bank-owners. This is the major error in current monetary theory detected by Pesek and Saving[47]." Die Argumentation von Pesek und Saving ist formal korrekt, ihre substanzielle Interpretation ist aber etwas schwierig. Zunächst ist es überraschend, daß ein Vermögenseffekt von Geldmengenänderungen dadurch auftritt, daß die Bankiers „reicher" werden. Fälle eines Vermögenszuwachses, wie sie oft von Patinkin (Geld fällt über Nacht wie Manna vom Himmel) oder von Friedman (ein Hubschrauber wirft Geld ab) benutzt werden, sind zwar eindeutig unrealistisch. Immerhin ist ihre Analyse insofern noch einsichtig, als der Vermögenszuwachs bei den Geldhaltern anfällt; einsichtig deshalb, weil diejenigen, die den Vermögenseffekt durch eine Verschiebung ihrer Ausgabenneigung bewirken, auch in den Besitz zusätzlichen Vermögens gelangen.

Der realistische Fall ist nun aber — wenn Pesek und Saving recht haben — der, daß ein Realkasseneffekt nur dann konstituiert werden kann, wenn der Vermögenszuwachs einer Geldmengenvermehrung nicht bei den Geldhaltern anfällt, sondern bei den Bankeigentümern. Damit wird ein zentralbankpolitisch bewirkter Vermögenszuwachs bei den Bankiers zum Kernstück einer Hypothese, welche einen überaus kräftigen Effekt der Geldmengenpolitik auf die Gesamtnachfrage behauptet. Ob nun ein Vermögenszuwachs der Bankiers für das kräftige Durchwirken monetärer Impulse Sorge tragen kann, ist gewiß fraglich, zumal die Bankiers ihren Vermögenszuwachs gar nicht mal weitergeben dürfen. Würden sie den Vermögenszuwachs ihrer Kundschaft zugute kommen lassen, etwa indem sie — entgegen üblicher Praxis — Zinsen auf Sichtverbindlichkeiten zahlen, oder aber indem sie die Sollzinsen senken, würden die Sichtdepositen nicht mehr zum Nettovermögen des privaten Sektors zählen. Denn die Bankiers hätten dann keinen zusätzlichen Einkommenstrom zu verzeichnen, welcher kapitalisiert wird und zu dem ein Vermögensobjekt fingiert werden kann[48].

---

[47] Johnson, H. G., Inside Money, Outside Money, . . ., S. 35.

[48] Patinkin hat darauf hingewiesen, daß der Vermögenszuwachs der Bankiers letztlich darauf zurückzuführen ist, daß die Bankengeldschaffung monopolisiert ist bzw. hoheitlichen Beschränkungen unterworfen ist (Patinkin, D., Money and Wealth: A Review Article, in: The Journal of Economic Literature, Bd. VII [1969], S. 1140 ff.). Wäre die Geldschaffung vom Wettbewerbsmechanismus bestimmt, dann könnte der beschriebene Einkommenszuwachs der Bankiers nicht auftreten. Wäre den Banken gestattet, Zinsen auf Sichtdepositen zu zahlen, und funktionierte der Wettbewerbsmechanismus (vollständige Konkurrenz), dann würden die Banken das Geldangebot erhöhen und so lange untereinander konkurrieren, bis der Grenzgewinn einer Bankoperation gleich Null wäre. Die Bankschuldner hätten dann geringere Soll-

Des weiteren ist der Vermögensbegriff von Pesek und Saving nicht geeignet, eine besondere Stellung der eng definierten Geldmenge zu begründen. Im Gegenteil: Die Argumentation von Pesek und Saving ist analog auch auf die nichtmonetären Finanzaktiva anzuwenden[49]. Nach Pesek und Saving werden Sichtdepositen gehalten, weil sie den Geldnutzen stiften, während andere Finanzaktiva allein deshalb gehalten werden, weil sie einen pekuniären Ertrag erzielen, weil also für sie Zinsen bezahlt werden. Termin- und Spareinlagen zum Beispiel stiften jedoch auch einen nicht-pekuniären Ertrag. Wäre dem nicht so, dann würde keine Nachfrage nach ihnen bestehen[50]. Die Tätigkeit der Banken und der Finanzintermediäre besteht darin, den Austausch zwischen Anlegern von Geldkapital und Kreditsuchenden zu erleichtern, indem sie den unterschiedlichen Portfoliopräferenzen der beiden Gruppen simultan Rechnung tragen. Also sind auch die Finanzaktiva nach dem Konzept von Pesek und Saving zu einem Teil zum Nettovermögen des privaten Sektors zu rechnen. Der Vermögensbegriff von Pesek und Saving scheint demnach eher geeignet zu sein, die Ähnlichkeit zwischen Geld und liquiden Finanzaktiva hervorzuheben, als eine besondere Stellung der Geldmenge zu begründen[51].

In jedem Fall ist die Pesek-Saving-Argumentation, nach der Geldmengenänderungen primär über Vermögenseffekte wirken, starken Zweifeln auszusetzen. Es scheint, als ob ein institutionelle Gegebenheit, nämlich das Verbot, auf Sichtdepositen Zinsen zu bezahlen (in Westdeutschland besteht — im Gegensatz zu den USA — ein solches Verbot übrigens nicht), als Stütze für die Hypothese eines kräftigen Durchwirkens von Geldmengenvariationen überfordert ist.

Gesetzt den Fall, die Pesek-Saving-These sei nicht anzuzweifeln, bliebe immer noch die Frage offen, inwieweit Änderungen im Vermögen der Bankiers, die auf Sichtdepositenvariationen zurückzuführen

---

zinsen zu bezahlen, die Sichteinleger erhielten Habenzinsen (vgl. auch Claassen, Probleme . . . , S. 186). Es ist also ein institutionelles Detail („Monopolisierung" der Bankengeldschaffung), welches erst ein kräftiges Durchwirken der Geldmengenpolitik — in der Theorie — gestattet.

49 Vgl. Laidler, D., The Definition of Money, Theoretical and Empirical Problems, in: Journal of Money, Credit and Banking, Bd. 1 (1969), S. 513 f., sowie Claassen, Probleme . . . , S. 211 ff.

50 Termin- und Spareinlagen tragen kein Kursrisiko, außerdem ist das Risiko, daß der Schuldner insolvent wird, bei Forderungen gegen Banken gleich Null. Wären reine Zinsüberlegungen ausschlaggebend dafür, welche Art eines Finanzaktivums gewählt wird, dann wäre nicht einzusehen, warum das Publikum überhaupt Forderungen gegen Finanzintermediäre erwirbt. Eine Forderung gegen den letzten Schuldner erbrächte sicherlich höhere Zinsen, als eine Forderung gegen einen Finanzintermediär.

51 Vgl. Laidler sowie Mattfeldt, H., Das Geldmengenproblem, Berlin 1973, S. 55.

sind, von zentralbankpolitischen Maßnahmen beherrscht werden. Hier wird eine empirische Überprüfung ansetzen müssen. Wirkt die Geldmengenpolitik über Effekte der Vermögenshöhe, dann muß die Höhe der Sichtdepositen durch zentralbankpolitische Maßnahmen determiniert sein. Zeigt sich aber, daß die Höhe der Sichtdepositen im wesentlichen von Nichtbankenentscheidungen bestimmt wird, dann ist die Hypothese, nach der die Zentralbankpolitik über Effekte der Vermögenshöhe wirkt, abzulehnen.

Dem Einfluß des Nichtbankenverhaltens auf die Sichtdepositen und die Geldmenge wird im nächsten Abschnitt, welcher das Geldbasiskonzept behandelt, nachzugehen sein. Im empirischen Teil wird dann versucht werden, den Einfluß des Nichtbankenverhaltens auf die Höhe der Sichtdepositen quantitativ abzuschätzen.

C. Geldbasis und Geldmenge

1. Das Geldbasiskonzept

Friedman hat in seinem Programm für monetäre Stabilität[52] eine ganze Reihe institutioneller Änderungen vorgeschlagen, welche es erst der Zentralbank ermöglichen könnten, eine genaue Kontrolle über die Geldmenge auszuüben. Neben der Einführung flexibler Wechselkurse riet er den Zentralbanken, auf Diskont- und Mindestreservepolitik zu verzichten und sich auf Offen-Markt-Operationen zu beschränken — Vorschläge, welche auf eine bessere Steuerung der Zentralbankgeldmenge hinauslaufen. Am meisten diskutiert wurde jedoch sein Vorschlag, den Banken eine 100 %ige (verzinsliche) Reservepflicht für Nichtbankendeposited aufzuerlegen. Dies würde bedeuten, daß den Banken jede Geldschöpfungsmöglichkeit genommen wäre. Getreu Simons'scher Tradition[53] legitimierte Friedman diesen Vorschlag damit, daß die unkontrollierbaren Geldschöpfungsmöglichkeiten der Geschäfts-

52 Friedman, M., A Program for Monetary Stability, The Millar Lectures, Number Three, 1959, New York 1960.

53 Es sei darauf verwiesen, daß die 100 %-Regel, die immer mit Friedman in Verbindung gebracht wird, gar nicht von Friedman stammt, sondern von seinem Lehrer Henry C. Simons; siehe z. B. die beiden Aufsätze: Simons, H. C., A Positive Program for Laissez-faire — Some Proposals for a Liberal Economic Policy, zuerst erschienen als „Public Policy Pamphlet", Nr. 15, ed. Harry D. Crideouse, University of Chicago Press, Chicago 1934, wieder abgedruckt in: Simons, H. C., Economic Policy for a Free Society, Chicago 1948, S. 40 ff.; und Simons, H. C., Rules versus Authorities in Monetary Policy, in: The Journal of Political Economy, Bd. XLIV (1936), S. 1 ff. Im übrigen sei darauf aufmerksam gemacht, daß alle wesentlichen programmatischen Elemente, welche dem „modernen" Monetarismus zugeschrieben worden, schon von Simons entwickelt worden sind; siehe hierzu Ketterer, K. H. und Simmert, D. B., Moderne Quantitätstheorie und Laissez-faire-Liberalismus, in: Köhler, Cl. (Hrsg.), Geldpolitik — kontrovers, Köln 1973.

banken ein wesentliches Moment der Instabilität in den Wirtschaftsablauf trügen[54]. Einen wichtigen Grund dafür, daß die Geldschöpfung der Kreditinstitute zentralbankpolitisch nicht genügend steuerbar ist, sah Friedman darin, daß die Bargeld- und die Reservequote einen wesentlichen Einfluß auf das Geldvolumen ausüben, der der Kontrolle der Zentralbank entzogen ist[55].

Interessanterweise vertritt nun die von Brunner und Meltzer entwickelte Geldangebotstheorie den gegenteiligen Standpunkt. Diese Theorie ist geprägt von einem schier unbegrenzten Vertrauen in die Stabilität der Bargeld- und Reservequote. Einen wesentlichen eigenständigen Einfluß auf die Geldmenge wird diesen beiden Quoten, welche Banken- und Nichtbankenverhalten widerspiegeln, nicht mehr zugestanden. Die entscheidende Determinante des Geldvolumens sei die Zentralbankgeldmenge, auch als Geldbasis bezeichnet. Ist dem so, dann verlangt die Steuerung der Geldmenge selbstverständlich keine 100 %-Reserve mehr, sondern lediglich noch eine konsequente Manipulation der Zentralbankgeldmenge. Für die Umsetzung der Geldbasis in die gewünschte Geldmenge sorgen dann die Banken im Verein mit den Nichtbanken kraft ihres unerschütterlich stabilen Verhaltens.

Im folgenden sei das Geldbasiskonzept dargestellt, danach werden die wesentlichen Schwächen dieses Konzepts herausgearbeitet. Empirische Belege für die vorgetragene Kritik werden im zweiten Teil dieser Arbeit vorgelegt.

a) Die analytische Herleitung

Das Geldbasiskonzept führt Veränderungen der Geldmenge auf drei Determinanten zurück, nämlich auf die Relation von Bargeldumlauf zu reservepflichtigen Sichtdepositen — den sogenannten Bargeldhaltungsquotient —, auf die Relation der Bankreserven zu den Sichtdepositen — den sogenannten Reservequotient — und auf das aktuell vorhandene Zentralbankgeld, die Geldbasis. Die Geldmenge wird definiert als Bargeldumlauf plus reservepflichtige Sichtdepositen (Sichteinlagen bei Geschäftsbanken), die Geldbasis wird definiert als Bargeldumlauf plus Bankreserven[56]. Auf die Problematik dieser Definitionen wird noch einzugehen sein.

Der Zusammenhang zwischen den genannten Größen wird analytisch hergeleitet durch Division zweier Definitionsgleichungen.

---

[54] So Simons, A Positive Program ..., S. 55, so auch Friedman, A Program ..., S. 66 ff.

[55] Friedman, S. 68.

[56] Diese Definitionen sind die gängigsten. Sie werden im folgenden gebraucht, wenn nichts anderes vermerkt ist.

Es gilt

$$B = C + R \quad (1.21)$$

$$M = C + D \quad (1.22)$$

B = Geldbasis, M = Geldmenge, C = Bargeldumlauf (Zentralbankgeld in Händen des Publikums, Zentralbankeinlagen der Privaten werden nicht zur Geldbasis gezählt), R = Bankreserven (Zentralbankgeld bei den Banken[57]), D = Sichtdepositen der Geschäftsbanken.

Bezeichnet man die Relation von M zu B, den Geldangebotsmultiplikator, mit m

$$m = \frac{M}{B} \quad (I.23)$$

so läßt sich die Geldmenge schreiben als

$$M = mB = \frac{C + D}{R + C} B \quad (I.24)$$

beziehungsweise nach einer weiteren algebraischen Operation

$$M = \frac{C/D + 1}{R/D + C/D} B \quad (I.25)$$

C/D = Bargeldhaltungsquotient
R/D = Reservequotient

Ausdruck (I.25) ist ein analytischer Satz, dessen Wahrheitsgehalt ausschließlich aus seiner Konsistenz besteht.

(I.25) wird üblicherweise wie folgt interpretiert. Bei gegebenem C/D und R/D bestimmt die Wachstumsrate der Geldbasis diejenige der Geldmenge. Freilich ist auch ein anderes Verständnis möglich: Wachsen Geldmenge und Geldbasis mit derselben Rate, so ist dies Ausdruck dessen, daß sich die Bargeldhaltungsgewohnheiten des Publikums und die Reservegewohnheiten der Banken nicht geändert haben. Sind die Wachstumsraten von Geldbasis und Geldmenge unterschiedlich, so weist dies darauf hin, daß Banken und Nichtbanken einen eigenständigen Einfluß auf die Geldmenge ausüben; dieser ist um so größer, je mehr die Wachstumsraten differieren.

Der Multiplikator im Ausdruck (I.25) wird meistens durch eine weitere algebraische Operation verfeinert, indem der Ausdruck R/D im

---

[57] Das aktuell vorhandene Zentralbankgeld bei den Banken besteht nach westdeutschen Verhältnissen nahezu vollständig aus Mindestreserven. Die Überschußguthaben (Zentralbankguthaben der Banken abzüglich Mindestreserve-Soll) und die Bargeldbestände der Banken sind dem Betrag nach äußerst gering und außerdem rein dispositionstechnisch bedingt.

Nenner noch um die gesamten reservepflichtigen Bankeinlagen erweitert wird.

$$\text{(I.26)} \qquad M = \frac{C/D + 1}{\frac{R}{D + T + S}\,(1 + T/D + S/D) + C/D}\,B = \frac{c + 1}{r\,(1 + h + s) + c}\,B$$

T = reservepflichtige Termineinlagen, S = reservepflichtige Spareinlagen, c = Bargeldhaltungsquotient, r = (durchschnittlicher) Reservesatz, h = Termindepositenquotient, s = Spardepositenquotient.

Diese Verfeinerung scheint zunächst ohne analytischen Wert zu sein. Sie verschafft nur noch die Information, daß die Sichtdepositen (und damit die Geldmenge) dann zunehmen, wenn Termin- und Spareinlagen in Sichtdepositen umgewandelt werden. So trivial diese Einsicht ist, so kommt ihr doch empirische Bedeutung zu. Der Termin- und der Spardepositenquotient können wesentliche Bestimmungsfaktoren der Geldmenge sein.

Für die Reaktion des Multiplikators auf Parameteränderungen gilt

$$\frac{\partial m}{\partial r} < 0, \; \frac{\partial m}{\partial h} = \frac{\partial m}{\partial s} < 0, \; \frac{\partial m}{\partial c} < 0 \, .$$

Theoretisch ist es möglich, daß die Geldmenge sowohl vom Nichtbankenverhalten (Änderungen im Bargeldhaltungsquotient bzw. im Termin- und/oder Spardepositenquotient) als auch vom Bankenverhalten (Änderungen im Reservesatz) als auch von der Zentralbank (via Geldbasis) abhängt. Welche Größe nun der entscheidende Bestimmungsgrund ist, kann nur empirisch entschieden werden. In der Tat ist zu diesem Problem eine Fülle empirischer Arbeiten vorgelegt worden, die alle unisono versichern, daß die Geldbasis der dominante Bestimmungsfaktor der Geldmenge ist. Ob solches auch für westdeutsche Verhältnisse zutrifft, ob also — mit anderen Worten — die Bundesbank für die Geldmengenexpansion verantwortlich gemacht werden darf, wird noch zu prüfen sein.

b) Kritik am Konzept des Basisgeldes

Kritik an der analytischen Konzeption des „Geldangebots" muß bereits am Zentralbegriff, der Geldbasis einsetzen. Die Geldbasis wird aus der Zentralbankbilanz ermittelt. Die Ableitung geht davon aus, daß es nur zwei relevante Verwendungsarten von Zentralbankgeld gibt, die Nachfrage des Publikums nach Bargeld und die Nachfrage der Kreditinstitute nach Reserven. Diese beiden Komponenten stellen die sogenannten „uses of base", Verwendungsarten von Zentralbankgeld, dar.

Alle anderen Positionen der Zentralbankbilanz werden als „sources of base", als Quellen von Basisgeld bezeichnet, die Aktivpositionen mit positivem, die Passivpositionen mit negativem Vorzeichen[58].

Das Verfahren ist also ein höchst einfaches: Es wird festgelegt, welche Passivpositionen der Zentralbankbilanz als „uses of base" anzusehen sind. Dann wird „umsortiert": Die restlichen Passivpositionen der Zentralbankbilanz werden auf die Aktivseite eingestellt und mit negativem Vorzeichen zu den „sources of base" gezählt.

Dieses Verfahren ist — das sei betont — weder eindeutig, noch frei von Willkür, geschweige denn theoretisch ableitbar. Durch jedes Aktivgeschäft der Zentralbank wird Zentralbankgeld geschaffen. Jede Passivposition der Zentralbankbilanz repräsentiert eine Verwendung von Zentralbankgeld. Nun müßte man erwarten, daß diejenigen, die der Geldbasis eine strategische Position im monetären Prozeß zuschreiben, Kriterien angeben, an Hand derer zweifelsfrei entschieden werden kann, welche Passiva der Zentralbank mit positivem Vorzeichen als „uses of base" und welche mit negativem Vorzeichen als „sources of base" zu identifizieren sind. Überraschenderweise finden sich jedoch in den Arbeiten monetaristischer Autoren nur sehr sparsame Hinweise auf dieses Problem.

In Deutschland sind bislang Neumann, sowie Siebke und Willms als prononcierte Verfechter des Geldbasiskonzepts hervorgetreten. Von Siebke und Willms erfährt man, was den angesprochenen Problemkreis betrifft, lediglich: „Die monetäre Basis umfaßt das Geld, das von den hoheitlichen Instanzen wie Zentralbank und staatliche Münze direkt geschaffen wird[59]." Und „Die monetäre Basis besteht aus den verschiedenen Posten der Aktivseite der Zentralbankbilanz zuzüglich der umlaufenden Münzen abzüglich einiger Positionen der Passivseite[60]." Neumann bescheidet sich mit einer Legitimation durch Autoritäten: „In introducing the monetary base concept ..., we rely on the familiar Brunner-Meltzer nonlinear money supply hypothesis[61]."

Auch Andersen und Jordan beschränken sich darauf, die Entstehungs- und Verwendungskomponenten für Basisgeld ohne Begründung zu sta-

[58] Zu diesem Verfahren vgl. Andersen, L. und Jordan, J., The Monetary Base — Explanation and Analytical Use, in: Federal Reserve Bank of St. Louis Review, August 1968, S. 7 ff.

[59] Siebke, J. und Willms, M., Das Geldangebot in der Bundesrepublik Deutschland, in: Zeitschrift für die gesamte Staatswissenschaft, Bd. 126 (1970), S. 66.

[60] Siebke, Willms.

[61] Neumann, M. J. M., Bank Liquidity and the Extended Monetary Base as Indicators of German Monetary Policy, Proceedings of the First Konstanzer Seminar, in: Kredit und Kapital, Beiheft 1, Berlin 1972, S. 179 f.

tuieren[62]. Selbst in der grundlegenden Arbeit von Brunner und Meltzer, in der die beiden Autoren die von Neumann zitierte nicht-lineare Hypothese erstmals in geschlossener Form vorgestellt haben, werden keine Kriterien gegeben, nach denen „sources" von den „uses of base" abzugrenzen sind[63]. Brunner hat freilich in einer späteren Arbeit den Begriff „Geldbasis" wenigstens zu definieren versucht: „This magnitude (die Geldbasis, d. V.) is defined by listing all balance-sheets of the government sector containing monetary liabilities used as a medium of exchange in some social groups[64]." Danach sind also jene Verbindlichkeiten der geldpolitischen Instanzen zur Geldbasis zu rechnen, denen eine „Zahlungsmittelfunktion" in einer sozialen Gruppe (gemeint ist wohl der private Sektor einer Volkswirtschaft) zukommt. Freilich läßt auch diese Definition die Ratio des Begriffs immer noch offen. Die Frage bleibt unbeantwortet, warum nur aktuell vorhandenes Zentralbankgeld von Bedeutung für den Geldangebotsprozeß sein soll, nicht aber solche Aktiva, welche sich jederzeit in aktuelles Zentralbankgeld umwandeln lassen (wie etwa Mobilisierungs- und Liquiditätspapiere oder rediskontfähige Handelswechsel im Besitz der Geschäftsbanken). Im Grunde genommen wird der Trennungsstrich zwischen Geldbasis und potentiellem Zentralbankgeld genau so willkürlich gezogen wie zwischen der eng definierten Geldmenge (Bargeldumlauf und Sichteinlagen) und dem Geldkapital (Termineinlagen, Spareinlagen usw.). Die ganze Problematik, aus dem breiten Spektrum der Finanzaktiva eine Untergruppe namens „Geldmenge" hervorzuheben, gilt analog für das Verfahren, aus den Verbindlichkeiten der Zentralbank eine Untergruppe namens „Geldbasis" abzuheben.

Zentralbankgeld entsteht durch Aktivgeschäfte der Zentralbank. Die einzelnen Positionen der Aktivseite der Zentralbankbilanz zeigen, aus welchen Quellen das vorhandene Zentralbankgeld stammt. Die Verwendung des Zentralbankgeldes ist aus der Passivseite der Zentralbankbilanz zu entnehmen; die einzelnen Passivpositionen weisen aus, in welcher Form die Nichtbanken und die Kreditinstitute das Zentralbankgeld halten.

Wie Zentralbankgeld im konkreten Fall Westdeutschland entsteht und verwendet wird, ist aus der folgenden vereinfachten Bilanzglei-

---

62 Andersen, Jordan, The Monetary Base ... Auf Seite 7 präsentieren die Autoren eine Tabelle, in der sie sources und uses of base bereits für ihre Zwecke aufbereitet haben, und „erklären" dann (auf derselben Seite): „According to column one of this table, the source base is ...".

63 Gemeint ist Brunner, K. und Meltzer, A., Some Further Investigations of Demand and Supply Functions for Money, in: Journal of Finance, Bd. 19 (1964), S. 240 ff.

64 Brunner, K., A Survey of Selected Issues in Monetary Theory, in: Schweizerische Zeitschrift für Volkswirtschaft und Statistik, 107. Jg. (1971), S. 92.

chung der Bundesbank zu entnehmen (links vom Gleichheitszeichen stehen die Quellen, rechts die Verwendungsarten von Zentralbankgeld).

$$ZW + K^{Kr} + K^{öH} + Wp + SoA = C + R + E^{öH} + BarD + OMP + SoP \tag{I.27}$$

ZW = Zentrale Währungsreserven (Gold und Auslandsforderungen — netto)

K^{Kr} = Kredite an Kreditinstitute (Refinanzierung und Lombardforderungen)

$K^{öH}$ = Kredite an öffentliche Haushalte und Bundesbahn sowie Bundespost (einschließlich Ausgleichsforderungen)

Wp = Wertpapiere im Besitz der Bundesbank (Papiere, welche unter Gebrauch von § 21, Abs. 4 des Bundesbankgesetzes von der Bundesbank erworben werden)

SoA = Sonstige Aktiva

C = Bargeldumlauf

R = Bankreserven

$E^{öH}$ = Zentralbankeinlagen der öffentlichen Hand

$BarD$ = Guthaben auf Sonderkonto Bardepot

OMP = Verbindlichkeiten aus abgegebenen Mobilisierungs- und Liquiditätspapieren

SoP = Sonstige Passiva

Wie ersichtlich, besteht Zentralbankgeld (von der Verwendungsseite her) aus mehr als lediglich Bargeldumlauf und Bankreserven. Zumindest zwei Positionen der Verwendungsseite fallen ins Gewicht, die Zentralbankeinlagen der öffentlichen Hand und die Verbindlichkeiten der Bundesbank aus abgegebenen Mobilisierungs- und Liquiditätspapieren.

Aussagen wie „Das von der Zentralbank geschaffene Zentralbankgeld wird von den Banken als Reserve und von dem Nichtbankensektor als Kasse gehalten“[65], oder die monetäre Basis umfasse das Geld, welches von den hoheitlichen Instanzen wie Zentralbank und staatlicher Münze direkt geschaffen werde[66], oder „The base consists of money directly supplied by the authorities“[67], oder „Der Bestand an Zentralbankgeld *B*, auch Geldbasis genannt, ...“[68] können nicht zufriedenstellen. Der gewählten Abgrenzung der Geldbasis kann durch keinerlei institutionelle Arrangements eine Objektivität oder Eindeutigkeit ver-

65 Siebke, Willms, Das Geldangebot ..., S. 59.

66 Vgl. Siebke, Willms, S. 00.

67 Brunner, A., Survey ..., S. 92.

68 Siebke, J., Der Geldangebotsprozeß in der Bundesrepublik Deutschland, noch unveröffentlichte Habilitationsarbeit, Bonn 1971, S. 14.

liehen werden. Es ist wohl nur eine Motivation erkennbar, die Geldbasis als Summe aus Bargeldumlauf und Bankreserven zu definieren, nämlich das Anliegen der positiven Ökonomik: es geht darum, die Geldmenge mit einer Größe „gut“ zu erklären, die kleiner als die Geldmenge ist, kurz, man möchte eine „gute“ Geldangebotshypothese haben. Und offensichtlich sind nun Bargeldumlauf und Bankreserven diejenigen Positionen der Zentralbankbilanz, welche am ehesten die Vermutung eines guten Fits zur Geldmenge begründen.

Zweifelsohne kann eine Expansion der Sichtdepositen nicht auf Dauer ohne Einlagenexpansion und diese nicht ohne einen Zuwachs an Bankreserven vor sich gehen. Dies begründet die Vermutung oder Hypothese, daß die Sichtdepositen mit den Bankreserven zusammenhängen:

$$D = \frac{D}{R} R \tag{I.28}$$

Addiert man nun auf beiden Seiten von (I.28) noch dieselbe Größe — das kann den Fit ja nur verbessern —, nämlich den Bargeldumlauf, so ist die Geldangebotshypothese fertig:

$$\begin{aligned} C + D &= \frac{D}{R} R + C = \frac{R + C}{R + C}\left(\frac{D}{R}\right) R + \frac{R + C}{R + C} C = \\ &\left(\frac{1}{R + C}\frac{D}{R} R + \frac{1}{R + C} C\right)(R + C) = \\ &\frac{D + C}{R + C}(R + C) = \frac{1 + C/D}{R/D + C/D} B \end{aligned} \tag{I.29}$$

Dies ist die Ratio des Geldbasisbegriffs. Damit steht und fällt aber die Ratio dieses Begriffs mit einer Bedingung: Der empirisch zu ermittelnde Fit des Zusammenhangs zwischen Geldmenge und Geldbasis muß „gut“ sein.

Daß zugunsten eines vermuteten guten Fits auf sachlogische Interpretation verzichtet wird, mag daran noch deutlicher werden, daß häufig die Geldbasis um den (kumulierten) Effekt von Mindestreservesatzänderungen LR[69] korrigiert wird. Die Größe $B + LR$ ist — wie Neubauer bemerkt — keine Bestandsgröße mehr, sie kann auch nicht mehr von der Verwendung her definiert werden[70]. Zentralbankgeld, das aufgrund von Mindestreservesatzänderungen frei wird, verwenden die Banken zunächst dazu, liquide Aktiva auf- beziehungsweise die Refinanzierung abzubauen. Allerdings, die um den Effekt von Mindestreservesatzänderungen und Verschiebungen in der Einlagenstruktur „bereinigten“ Bankreserven wachsen genau mit derselben Rate wie die reservepflichtigen Einlagen; stehen die Sichtdepositen in stabiler Beziehung zu den reservepflichtigen Einlagen — und so ist die Vermutung —, dann wird durch die Bereinigung die Geldangebotshypothese verbessert.

Jedoch das Streben nach einem guten Fit kann bisweilen mit der Sachlogik kollidieren — und beim Geldbasiskonzept ist dies der Fall. Dies soll im folgenden belegt werden.

2. Die Verwendung von Bargeldhaltungsquotienten in Geldschöpfungsmodellen — ein Problem

Das Modell $M = mB$ ist zweifelsohne ein Geldschöpfungsmodell. Es enthält die klassischen Elemente, nämlich die die multiple Geldschöpfung limitierenden Versickerungsverluste aus erhöhter Reservehaltung der Banken und Bargeldabzügen des Publikums. Darüber hinaus ist es erweitert um die explizite Berücksichtigung von Allokationsentscheidungen des Publikums, repräsentiert durch den Termin- und den Spardepositenquotient, welche anzeigen, wie die geschaffenen Einlagen auf die einzelnen Depositenarten aufgeteilt werden.

Der die Geldschöpfung limitierende Faktor Bargeldabzug ist erfaßt durch den Bargeldhaltungsquotient, ein Quotient, welcher den Bargeldumlauf in Bezug zu den reservepflichtigen Sichtdepositen setzt, also einer Passivposition der konsolidierten Geschäftsbankenbilanz. Dies ist konzeptionell nicht korrekt; es führt zu logisch unhaltbaren Implikationen des Geldbasiskonzepts.

Die Banken schaffen mit einer Einheit Geldbasis ein Mehrfaches an Geldmenge, wieviel dieses Mehrfache beträgt, zeigt der Multiplikator an. Die Logik erfordert es, daß der Multiplikator sich nur aufgrund solcher Transaktionen ändern darf, welche die Geldschöpfungskapazität der Geschäftsbanken ändern. Dies ist aber im Geldbasiskonzept nicht gewährleistet.

---

[69] Die Reservekomponente LR wird berechnet als

$$LR_t = \sum_{\tau=t_0}^{t} \Delta B_\tau^r$$

wobei

$$\Delta B_t^r = -(r_t - r_{t-1})\, E_{t-1}^R$$

t_0 = Zeitpunkt, zu dem die Kumulation beginnt

r = durchschnittlicher Reservesatz

E_t^R = reservepflichtige Bankeinlagen zum Zeitpunkt t

Siehe Willms, M., Controlling Money in an Open Economy: The German Case, in: Federal Reserve Bank of St. Louis Review, April 1971, S. 16 f., Fußnote 13

[70] Vgl. Neubauer, Strategien ..., S. 103.

Man nehme folgenden einfachen Fall an. Die Nichtbanken zahlen Bargeld auf Konten bei der Zentralbank ein. Dadurch verringert sich der Bargeldumlauf. Dies ist ein Vorgang, der sich völlig außerhalb der Sphäre der Geschäftsbanken abspielt. Er kann deshalb auch nicht die Geldschöpfungskapazität der Geschäftsbanken verändern. Dennoch verringert sich der Bargeldhaltungsquotient. Der Multiplikator, der diesen Quotienten enthält, weist dann aber formal aus, daß die Geldschöpfungskapazität der Geschäftsbanken größer geworden ist — und dies aufgrund eines Vorgangs, der die Geschäftsbanken nicht berührt. Das ist logisch unmöglich[71].

Dieser Umstand kann zu geldpolitischen Fehlleistungen führen, sofern sich eine Zentralbank am Geldbasiskonzept orientiert. Gesetzt den Fall, der Bargeldhaltungsquotient hat sich durch Einzahlung von Bargeld auf Zentralbankkonten verringert. Dann hat sich die Lage für die geldpolitischen Instanzen, die sich am Geldbasiskonzept orientieren, grundlegend verändert. Die Geldbasis hat sich verringert, der Geldangebotsmultiplikator vergrößert. Der Multiplikator weist nun eine erhöhte Geldschaffungskapazität der Geschäftsbanken aus: Mit einer Einheit Basisgeld schaffen die Geschäftsbanken mehr Geldmenge denn zuvor. Ist die Zentralbank auf eine vorherbestimmte Expansionsrate der Geldmenge festgelegt, muß sie — als Konsequenz der erhöhten Geldschaffungskapazität der Banken — die Basisgeldzufuhr künftig drosseln. Offensichtlich wäre dies keine adäquate Handlungsmaxime für die geldpolitischen Instanzen, wird doch diese Anweisung aus einem Konzept hergeleitet, das eine Vergrößerung der Geldschaffungskapazität auf eine Transaktion zurückführt, die die Geldschaffungskapazität logischerweise gar nicht berühren kann.

Diesem Mißstand wäre nur abzuhelfen, wenn sowohl Geldmenge als auch Geldbasis umdefiniert würden. Beide müßten sämtliche Zentralbankeinlagen von Nichtbanken erhalten[72]. Erst dann würde ein Shift

---

71 Als erster hat wohl Schaaf darauf hingewiesen, daß der Bargeldhaltungsquotient für den Multiplikator eines Geldschöpfungsmodells irrelevant ist; zur Beweisführung vgl. Schaaf, G., Die Geldschöpfungsmöglichkeiten von Einzelbank, Bankengruppe und Bankensystem in der Bundesrepublik Deutschland, Tübinger Dissertation, Tübingen 1965, S. 140 ff. Speziell für das Geldbasismodell gilt folgendes. Der Differentialquotient des Multiplikators bezüglich des Bargelderhaltungsquotienten ist negativ; der Differentialquotient der Geldbasis bezüglich der Bargeldhaltung positiv. Die Resultante, der Differentialquotient von M bezüglich der Bargeldhaltung, ist positiv. Durch die Einzahlung von Bargeld auf Zentralbankkonten vergrößert sich der Multiplikator, und die Geldbasis wird kleiner. Insgesamt ergibt sich eine Verringerung der Geldmenge. In dem Extremfall, bei dem die Nichtbanken alles Bargeld auf Zentralbankkonten eingezahlt haben, verringert sich der gemäß (I.26) ausgewiesene Wert der Geldmenge auf $M = D$.

72 Eine solche Definition der Geldmenge und der monetären Basis wird z. B. von Westphal verwendet (allerdings aus anderen Gründen, als den hier vor-

zwischen Bargeld und Zentralbankeinlagen der Nichtbanken sowohl Geldangebotsmultiplikator als auch Geldbasis unberührt lassen.

Würden Geldmenge (und Geldbasis) umdefiniert, dann müßte freilich hingenommen werden, daß ein sparsamer Finanzminister die moderne Quantitätstheorie desavouiert. Die Anhäufung eines Juliusturmes müßte zwangsläufig den Kontakt der Geldmenge zur monetären Gesamtnachfrage lockern. Der Zusammenhang zwischen Geldmenge und nominalem Sozialprodukt verlöre einiges von seiner (vermuteten) Strammheit[73].

Eine konzeptionell korrekte Erfassung des die multiple Einlagen- beziehungsweise Kreditschöpfung limitierenden Bargeldabzugs verwendet die herkömmliche Kreditschöpfungstheorie[74]. Diese Theorie geht bekanntlich von der Fragestellung aus, wieviel Einheiten Kredite (K) die Geschäftsbanken als Ganzes mit einer Einheit Zentralbankgeld (ZB)[75] schaffen können. Im Zuge der Kreditvergabe wird ein Teil (k) der gewährten Kredite in bar abgefordert (k sei als Barabzugsquote bezeichnet, im Gegensatz zum Bargeldhaltungsquotient c), der nicht in bar abgeforderte Teil wird wieder zu Einlagen im Bankensystem, für welchen gemäß dem Reservesatz (r) Bankreserven gehalten werden.

Es gilt also

$$ZB = kK + r\,(1-k)\,K \qquad (r, k < 1) \tag{I.30}$$

Ausdruck (I.30) nach K aufgelöst ergibt

$$K = \frac{1}{k + r\,(1-k)}\,ZB \tag{I.31}$$

Aus (I.30) ist ersichtlich, daß man zur Multiplikatorformel nur dann gelangt, wenn die im Zuge der Kreditschöpfung entstehenden Bargeldbestände in Relation zu den Krediten, also einer Aktivposition der konsolidierten Geschäftsbankenbilanz, gesetzt werden. Dies entspricht

---

getragenen). Siehe Westphal, U., Theoretische und empirische Untersuchungen zur Geldnachfrage und zum Geldangebot, Tübingen 1970, S. 83 f.

73 In der ersten Hälfte der 50er Jahre wurden auf den Zentralbankkonten des Bundes Mittel gehortet. Dieses Finanzgebaren des zuständigen Ministers mag mit ein Grund gewesen sein, warum nach deutschem Usus die Zentralbankeinlagen der öffentlichen Hand nicht zur Geldmenge gerechnet werden (vgl. auch Neubauer, Strategien ..., S. 117). Im empirischen Teil wird allerdings gezeigt werden, daß der Zusammenhang zwischen Geldmenge und nominalem Bruttosoziaprodukt ohnedies so locker ist, daß der Finanzminister dem Fit gar keinen großen Schaden mehr zufügen könnte.

74 Zur theoretischen Herleitung vgl. etwa Schneider, E., Einführung in die Wirtschaftstheorie, III. Teil, 7., verbesserte Auflage, Tübingen 1962, II. Kapitel.

75 Die genaue Definition von ZB spielt für die Zwecke der folgenden Ausführungen keine Rolle.

auch der Logik des Kredit- beziehungsweise Einlagenschöpfungsprozesses. Nur jener Teil der gewährten Kredite, welcher nicht in bar abgezogen wird, kann zur Einlage im Geschäftsbankensystem werden.

Veränderungen des Bargeldumlaufs (nicht aber des im Zuge der Kreditgewährung eintretenden Bargeldabzugs) sind Resultante aller Aktiv- und Passivgeschäfte des gesamten Bankensystems (Geschäftsbanken und Zentralbank). Der Bargeldhaltungsquotient, das heißt die Relation des in der konsolidierten Bilanz des Bankensystems ausgewiesenen Bargeldumlaufs zu den Sichtdepositen, mag noch so stabil sein, er ist für ein Geldschöpfungs- oder Kreditschöpfungsmodell nicht relevant. Die Identifikation der Barabzugsquote mit dem Bargeldhaltungsquotient ist konzeptionell falsch.

Die (unzulässige) Identifikation der Barabzugsquote mit dem Bargeldhaltungsquotienten hat eine lange Tradition. Sie geht wohl in Deutschland zurück auf eine Arbeit von Marschak und Lederer aus dem Jahre 1932[76]. Sie ist aber auch in neueren Arbeiten wiederzufinden[77].

Es könnte nun der Einwand gebracht werden, daß die Transaktion „Nichtbanken zahlen Bargeld auf Zentralbankkonten ein" doch ein sehr unwahrscheinlicher Fall sei, eine „gute" Theorie hätte aber lediglich die wahrscheinlichen Fälle abzudecken. Jedoch ist die Wahrscheinlichkeit hier ein sehr subjektives Urteil. Wer vermag auszuschließen, daß dasjenige, was heute noch sehr „unwahrscheinlich" ist, nicht schon morgen „wahrscheinlich" sein wird?

Abgesehen davon sind solche Transaktionen in Westdeutschland nicht sehr „unwahrscheinlich". Zum Beispiel unterhalten zwei Unternehmen, welche beträchtliche Bargeldeinnahmen haben, nämlich Bundesbahn und Bundespost (einschließlich Postscheck- und Postsparkas-

---

[76] Marschak, J. und Lederer, W., Größenordnungen des deutschen Geldsystems, in: Archiv für Sozialwissenschaft und Sozialpolitik, Bd. 67 (1932), S. 385 ff., insbesondere S. 400. Ergänzend sei bemerkt, daß den beiden Autoren bei der Bestimmung des Multiplikators (bei ihnen „Expansionskoeffizient" genannt) noch ein weiterer Fehler unterlaufen ist. Sie quantifizieren ihn als $1/(c + r)$, haben also nicht berücksichtigt, daß nur der nicht in bar abgezogene Teil der gewährten Kredite wiederum zu Einlagen im Geschäftsbankensystem wird. Marschak und Lederer haben deswegen den Wert des Expansionskoeffizienten unterschätzt.

[77] Der Vorschlag, die Barabzüge gewährter Kredite mit dem Bargeldhaltungsquotienten zu erfassen, ist neuerdings wieder von Brunner und Neumann in einer kritischen Arbeit zu einigen Ausführungen im Jahresgutachten 1971/72 des Sachverständigenrates in die Diskussion gebracht worden (Brunner, K. und Neumann, M. J. M., Monetäre Aspekte des Jahresgutachtens 1971/72 des Sachverständigenrates, in: Weltwirtschaftliches Archiv, Bd. 108 (1972 I), S. 257 ff.). Brunner und Neumann beziehen sich aber nicht auf die Arbeit von Marschak und Lederer, sondern schreiben die Identifikation von Barabzügen mit der Bargeldhaltung den neueren „empirischen Untersuchungen von Geldangebotsprozessen" zu (S. 262).

senämter), Konten bei der Bundesbank. Wenn den involvierten Größenordnungen nicht weiters nachgegangen wird, so deshalb, weil empirisch ohnedies gezeigt werden kann, wie zweifelhaft die Behauptung eines engen Zusammenhangs zwischen Änderungen der Geldbasis und Änderungen der Geldmenge ist.

3. Verlaß auf Verhaltensfunktionen?

a) Bestimmungsgründe der Geldmenge der Geldbasis und des Multiplikators

Das Geldbasiskonzept führt die Entwicklung der Geldmenge auf folgende Determinanten zurück: Bargeldhaltungsquotient, Reservesatz, Allokationsverhalten des Publikums (repräsentiert durch den Termin- und Spardepositenquotient) und Geldbasis. Theoretisch kann nicht beurteilt werden, welcher Bestimmungsgrund entscheidend für die Geldmengenentwicklung ist. Aber empirisch sei bestätigt — so die Argumentation —, daß der Einfluß der Geldbasis dominiere. Ist die Behauptung zutreffend, daß der Bargeldhaltungsquotient und das Allokationsverhalten des Publikums sowie der Reservesatz stabil sind, so bestimmt die Wachstumsrate der Geldbasis diejenige der Geldmenge. Die Geldmenge stellt sozusagen lediglich ein größeres Abbild der Geldbasis dar. Mit anderen Worten: Bewirkt die Zentralbank eine Basisgeldzufuhr zu den Geschäftsbanken, so bleibt diesen nichts anderes übrig, als dem Publikum ein Mehrfaches an Geldmenge zu übermitteln.

Freilich müssen dieser höchst einfachen Erklärung des Geldvolumens starke Bedenken entgegengebracht werden. Die Geldmengenentwicklung ist die Resultante einer Vielzahl von Transaktionen der Nichtbanken, der Banken und der Zentralbank. Ebenso gibt es eine ganze Reihe von Aktiv- und Passivgeschäften der Zentralbank, welche die Höhe der Geldbasis beeinflussen.

Es ist zu vermuten, daß der Zusammenhang zwischen Geldmenge und Geldbasis um so lockerer sein wird, je größer die Anzahl solcher Transaktionen ist, die auf den Umfang der Geldmenge einwirken, die aber den Umfang der Geldbasis unberührt lassen. Oder: Änderungen der Geldbasis werden um so weniger Änderungen der Geldmenge herbeiführen, je größer die Anzahl solcher Transaktionen ist, die auf den Umfang der Geldbasis einwirken, die aber den Umfang der Geldmenge nicht beeinflussen.

Eine einfache Überlegung mag dies verdeutlichen. Geldbasis und Geldangebotsmultiplikator zusammen erklären die Höhe der Geldmenge zu jedem Zeitpunkt zu Hundert Prozent. Soll die Geldbasis einen starken Einfluß auf die Geldmenge ausüben, so müssen diejenigen Einflußfaktoren, die Änderungen der Geldbasis bewirken, unmittelbar auch Änderungen der Geldmenge herbeiführen. Gibt es hingegen eine Anzahl von Bestimmungsfaktoren der Geldbasis, welche die Geldmenge überhaupt nicht oder erst nach Anpassungsprozessen berühren, dann werden Änderungen der Geldbasis von gegenläufigen Änderungen des Geldangebotsmultiplikators begleitet sein. Entsprechend locker wird dann der Zusammenhang zwischen Geldbasis und Geldmenge sein.

Ein gewisses Urteil über die Stärke des Zusammenhangs zwischen Geldmenge und Geldbasis läßt sich also dadurch gewinnen, daß man diejenigen Bestimmungsgründe, welche die Höhe der Geldmenge zu einem gegebenen Zeitpunkt determinieren, mit jenen Bestimmungsgründen vergleicht, welche die Höhe der Geldbasis zu einem gegebenen Zeitpunkt determinieren. Dies soll im folgenden unternommen werden, dabei orientiert sich die Aufzählung der Bestimmungsgründe von Geldbasis und Geldmenge an westdeutschen Verhältnissen.

Folgende Transaktionen erhöhen die Geldmenge:

M 1: Geldschöpfung durch Kreditgewährung inländischer Kreditinstitute

M 2: Umwandlung längerfristiger Einlagen (Termin- und Spareinlagen) in Geld

M 3: Käufe von Papieren am offenen Markt durch die Bundesbank bei Nichtbanken

M 4: Wertpapierkäufe der Banken von Nichtbanken

M 5: Übertragung von Auslandsforderungen durch Nichtbanken an das Bankensystem („Monetisierung“ von Auslandsforderungen)

M 6: Abbau der Nettoguthaben der öffentlichen Hand (einschließlich Bundesbahn und Bundespost) bei der Bundesbank (Zentralbankguthaben öffentlicher Einleger werden nicht zum Geldvolumen gerechnet)

Der jeweils umgekehrte Vorgang in den unter M 1 bis M 6 aufgeführten Transaktionen führt zu einem Abbau der Geldmenge.

Die Auflistung dieser Transaktionen orientiert sich an der Geldvolumensrechnung der Bundesbank. Diese Rechnung geht von der konsolidierten Bilanz des Bankensystems aus[78]. Dabei werden der Geldmenge in der jeweils gewählten Abgrenzung die übrigen Bilanzpositionen als Bestimmungsfaktoren gegenübergestellt. Der vorliegenden Aufzählung der Bestimmungsfaktoren wurde die Geldmenge in der engen Definition

[78] Die Geldvolumenrechnung der Bundesbank enthält noch eine Position „Sonstige Einflüsse (einschließlich Guthaben auf Sonderkonten Bardepot)“, die hier nicht aufgeführt ist. Diese Position entspricht dem Saldo der in der Geldvolumenrechnung nicht gesondert ausgewiesenen Positionen der konsolidierten Bilanz des Bankensystems. Diesen Positionen kommt keine Relevanz hinsichtlich der Determination des Geldvolumens zu.

(Bargeldumlauf plus Sichtdepositen bei Kreditinstituten) zugrundegelegt. Die Geldvolumenrechnung bietet noch keine Theorie der Determinanten des Geldvolumens. Sie zeigt aber — und das ist für die Beurteilung des Zusammenhangs zwischen Geldmenge und Geldbasis wichtig — welche Einflußfaktoren simultan die Höhe der Geldmenge zu einem gegebenen Zeitpunkt bestimmen.

Gewiß gibt es indirekte Einflüsse auf die Geldmenge, welche in der Geldvolumenrechnung nicht explizit erscheinen. Mit indirekten Einflüssen sind Anpassungsprozesse gemeint, welche erst nach einiger Zeit eine Änderung der Geldmenge bewirken. Zwei dieser indirekten Einflüsse seien angeführt.

Häufig wird die Offen-Markt-Politik der Zentralbank als ein Mittel genannt, welches es erlaube, die Geldmenge zu steuern. Zum Beispiel Käufe von Papieren am offenen Markt durch die Zentralbank erhöhen die Geldmenge und umgekehrt. Die Aussage ist aber in dieser Allgemeinheit nicht zu halten. Eine direkte Erhöhung der Geldmenge durch Offen-Markt-Käufe findet nur dann statt, wenn die von der Zentralbank erworbenen Papiere von Nichtbanken abgegeben werden. Sind aber die Verkäufer Banken, so steigen zunächst lediglich die Zentralbankgeldbestände im Besitz der Banken. Hieraus können sich indirekte Wirkungen auf die Geldmenge ergeben. Zum Beispiel kann sich die Kreditvergabebereitschaft der Banken erhöhen, tritt eine zusätzliche Kreditnachfrage des Publikums auf, so kann auch die Geldmenge zunehmen. Bleibt die Kreditnachfrage aus, so werden sich die Banken nach einer anderweitigen Anlage des Zentralbankgeldes umsehen. Eine Änderung der Geldmenge ist also keine zwingende Folge der Offen-Markt-Politik der Zentralbank mit Banken.

Genausowenig muß ein Devisenzufluß zu einer Erhöhung der Geldmenge im gleichen Umfang führen. Devisenzuflüsse und der Umtausch von Devisen in inländische Währung sind durchaus getrennte Vorgänge. Eine direkte Erhöhung der Geldmenge durch Devisenzuflüsse kann dann stattfinden, wenn inländische Nichtbanken zugeflossene Devisen „monetisieren", das heißt an ein Kreditinstitut oder an die Zentralbank verkaufen und den Gegenbetrag auf Sichtkonten halten. Aufgrund von Auslandstransaktionen ergibt sich also eine direkte Erhöhung der Geldmenge nur in dem Maße, in dem der Netto-Forderungssaldo des Bankensystems gegenüber dem Ausland[79] steigt. Kommen Kreditinstitute in den Besitz von Devisen indem sie Kapital importieren, und verkaufen sie diese Devisen der Bundesbank, so gelangen sie zunächst wiederum nur in den Besitz zusätzlichen Zentralbankgeldes. Inwieweit

[79] Dies ist der Saldo aus Auslandsforderungen und Auslandsverbindlichkeiten, die von Nichtbanken an das Bankensystem übertragen werden.

hieraus Aktivgeschäfte der Banken und eine Erhöhung der Geldmenge resultieren, muß wieder offen bleiben.

Solche indirekten Einflüsse brauchen nicht in die Analyse des Zusammenhangs zwischen Geldmenge und Geldbasis einbezogen zu werden. Ob der Zusammenhang zwischen den beiden Größen stark oder lose ist, hängt davon ab, ob diejenigen Bestimmungsgründe, welche die Höhe der Geldmenge und der Geldbasis zu einem gegebenen Zeitpunkt determinieren, sich weitgehend decken oder nicht.

Folgende Transaktionen erhöhen die Geldbasis:

B 1: Erhöhung der Auslandsforderungen der Bundesbank (netto)

B 2: Aufbau der Refinanzierung der Kreditinstitute („Abbau" offener Refinanzierungskontingente)

B 3: Abbau der Nettoguthaben der öffentlichen Hand (einschließlich Bundesbahn und Bundespost) bei der Bundesbank

B 4: Ankauf von Mobilisierungs- und Liquiditätspapieren durch die Bundesbank von Banken

B 5: Ankauf von Finanzierungspapieren (Schatzwechsel und unverzinsliche Schatzanweisungen des Bundes, der Länder, der Bundesbahn und der Bundespost) durch die Bundesbank von Banken

B 6: Käufe von Offen-Markt-Papieren durch die Bundesbank von Nichtbanken

Der jeweils umgekehrte Vorgang in den unter B 1 bis B 6 aufgeführten Transaktionen führt zu einer Abnahme der Geldbasis.

Die Auflistung dieser Transaktionen geht von der Bilanz der Bundesbank aus. Dabei werden — analog zur Geldvolumenrechnung — der Geldbasis die übrigen Bilanzpositionen als Bestimmungsfaktoren gegenübergestellt[80]. Dies deckt sich auch mit dem weiter oben (I C. 1. b) beschriebenen Verfahren der Trennung von „sources" und „uses" von Basisgeld.

Ein Vergleich der Bestimmungsgründe der Geldmenge mit denen der Geldbasis zeigt, daß es lediglich zwei Einflußfaktoren gibt, welche gleichzeitig auf Geldmenge und Geldbasis einwirken: Offen-Markt-Transaktionen der Bundesbank mit Nichtbanken und Veränderungen der Nettoguthaben öffentlicher Einleger bei der Bundesbank. Dieses Ergebnis schafft ein bemerkenswertes Präjudiz für die Empirie. Da die Bundesbank in der Vergangenheit — mit Ausnahme des Jahres 1973 — Offen-Markt-Politik mit Nichtbanken praktisch nicht betrieben hat und

---

[80] Wie schon bei den Bestimmungsgründen des Geldvolumens ist auch hier eine Position „sonstige Einflüsse" — der Saldo aus den übrigen Positionen der Zentralbankbilanz — nicht eigens aufgeführt, da ihr keine besondere Relevanz hinsichtlich der Determination der Geldbasis zukommt.

Kassentransaktionen der öffentlichen Hand weder der alleinige noch der dominierende Einflußfaktor auf Geldbasis und Geldmenge darstellten, ist kaum zu erwarten, daß eine empirische Untersuchung für Westdeutschland einen starken Zusammenhang zwischen Geldbasis und Geldmenge zutage fördert.

Um einer mißverständlichen Interpretation des Vergleichs der Bestimmungsgründe von Geldbasis und Geldmenge zu begegnen, sei folgendes noch angefügt: Auch dann, wenn Zentralbankpolitik nur noch aus Offen-Markt-Politik mit Nichtbanken bestünde, wäre eine Kontrolle der Geldmenge nicht gewährleistet. Es wären immer noch die anderen aufgeführten Bestimmungsfaktoren der Geldmenge wirksam. Es wäre den Nichtbanken immer noch möglich, in den Besitz zusätzlicher Geldmenge dadurch zu gelangen, daß sie etwa Geldkapital auflösen oder Wertpapiere an Kreditinstitute veräußern.

Nun erklären Geldbasis und Multiplikator die Höhe der Geldmenge zu jedem Zeitpunkt zu Hundert Prozent. Damit müssen also sämtliche Transaktionen, welche direkt auf die Geldmenge einwirken, nicht aber auf die Geldbasis, ihren Niederschlag im Multiplikator finden. Da unter den von M1 bis M6 aufgeführten Bestimmungsgründen der Geldmenge sich lediglich zwei befinden, welche auch auf die Geldbasis einwirken, ist a priori zu erwarten, daß der Multiplikator einen ganz wesentlichen Teil der Veränderungen der Geldmenge erklärt.

Der Geldangebotsmultiplikator besteht aus mehreren Komponenten. Die Frage ist nun, welche dieser Komponenten die Schwankungen im Multiplikator verursachen können. Der Repräsentant des Bankenverhaltens, der Reservesatz, offensicht nicht; dieser wird durch die Mindestreservepolitik der Bundesbank determiniert, auch wenn er aus den um den Effekt von Mindestreservesatzänderungen bereinigten Bankreserven gebildet wird. Das Bankenverhalten scheidet damit als eigenständiger Erklärungsfaktor aus. Übrig bleiben dann der Bargeldhaltungsquotient und der Termin- und Spardepositenquotient. Die unter M1 bis M6 genannten Transaktionen führen zu Gutschriften auf Sichtkonten der Nichtbanken. Darf man den Bargeldhaltungsquotient als eine Größe annehmen, welche sich in kürzeren Zeiträumen nur graduell ändert[81], dann werden die unter M1 bis M3 und M5 aufgeführten Transaktionen sich in Änderungen des Termin- und Spardepositenquotienten niederschlagen. Mit anderen Worten: Es ist zu vermuten, daß in der Realität ein ganz wesentlicher Teil der Veränderungen der Geldmenge auf Bewegungen im Termin- und Spardepositenquotient zurückzuführen ist.

---

[81] Dieser Frage wird hier nicht weiter nachgegangen; es sei daran erinnert, daß einige Bedenken angeführt worden sind, ob der Bargeldhaltungsquotient für den Multiplikator überhaupt relevant ist (I C. 2.).

Die empirisch zu entscheidende Frage nach dem dominanten Bestimmungsgrund der Geldmengenentwicklung wird also sein: Geldbasis oder Termin- und Spardepositenquotient, also Zentralbankgeld oder Allokationsverhalten des Publikums?

Nun wird gelegentlich argumentiert, das Allokationsverhalten des Publikums gefährde keineswegs die Steuerung der Geldmenge innerhalb „brauchbarer Grenzen“[82]. Denn der Termin- und der Spardepositenquotient seien eine stabile Funktion einiger weniger erklärender Variablen. Es ließen sich Verhaltensfunktionen für die Nachfrage des Publikums nach Termin- und Spardepositen in Relation zu den Sichtdepositen ansetzen, welche die Reaktionsweisen des Publikums projizierbar machten. Als Determinanten des Termin- und Spardepositenquotienten werden angesetzt[83]

— die Ertragsrate des Humankapitals,
— die Kreditmarktzinsen und
— die Termin- und Spareinlagenzinsen.

Über die Vorzeichen der Differentialquotienten des Termindepositenquotient und des Spardepositenquotient bezüglich der erklärenden Variablen werden üblicherweise folgende Hypothesen angenommen. Der Differentialquotient des Termindepositenquotient ist positiv bezüglich des Termineinlagenzinses und negativ bezüglich des Spareinlagenzinses, umgekehrtes gilt für den Spardepositenquotient. Hierin soll zum Ausdruck gebracht werden, daß Termindepositen und Spardepositen in Konkurrenzbeziehung zueinander stehen. Für das Publikum wird es um so lohnender sein, Spardepositen in Termindepositen umzuwandeln, je höher der Termineinlagenzins, beziehungsweise je niedriger der Spareinlagenzins ist und umgekehrt. Gleiches gilt für die Konkurrenzbeziehung zwischen Sichtdepositen einerseits und Termin- und Spardepositen andererseits. Eine Umwandlung von Sichteinlagen in Termin- und/oder Spareinlagen ist um so lohnender, je höher die Habenzinsen sind. Der Differentialquotient des Termin- und des Spardepositenquotient wird als positiv bezüglich der Ertragsrate des Hu-

---

[82] Vgl. Brunner, K. und Neumann, M. J. M., Analyse monetärer Hypothesen des Sachverständigenrates zur Begutachtung der gesamtwirtschaftlichen Entwicklung, in: Kyklos, Bd. XXIV (1971), S. 236.

[83] Vgl. Brunner, K. und Meltzer, A., Some Further Investigations .... insbesondere S. 252 ff. Außerdem: Neumann, M. J. M., Bank Liquidity and the Extended Monetary Base as Indicators of German Monetary Policy, Proceedings of the First Konstanzer Seminar, in: Kredit und Kapital, Beiheft 1, Berlin 1972, S. 165 ff., insbesondere Anhang II, S. 200 f.; Khatkhate, D. R. und Villanueva, D. P., A Behavioral Theory of the Money Multiplier in the United States: An Empirical Test, in: International Monetary Fund Staff Papers, Bd. XIX (1972), S. 125 ff. Zu den Bestimmungsgründen des Bargeldhaltungsquotienten vgl. Cagan, Ph., Determinants and Effects of Changes in the Stock of Money, New York 1965, S. 118 ff.

mankapitals angesehen. Hier kommen die gleichen Überlegungen ins Spiel, die schon Friedman bei der Bedeutung der Höhe des Humankapitals für die Nachfrage der Wirtschaftssubjekte nach Kasse angestellt hat. Je höher der Bestand an Humankapital ist, desto mehr Sichtdepositen (als Bestandteil der Kasse) werden die Wirtschaftssubjekte nachfragen, um die mangelnde Marktfähigkeit des Humankapitals auszugleichen. Steigt der Bestand des Humankapitals, so fällt dessen Ertragsrate, mit fallender Ertragsrate wird dann eine größere Nachfrage nach Sichtdepositen in Relation zu Termin- und Spardepositen einsetzen, das heißt, Termin- und Spardepositenquotient werden abnehmen. Der Differentialquotient des Termin- und Spardepositenquotient bezüglich der Kreditmarktzinsen wird als negativ angesehen. Der Kreditmarktzins kann als ein Indikator für die Kreditverfügbarkeit angesehen werden. Je leichter Kredite verfügbar sind, desto weniger müssen die Wirtschaftssubjekte Kasse halten, weil sie um so eher damit rechnen können, sich fehlende Kasse durch Kreditaufnahme besorgen zu können.

Es ist freilich stark zu bezweifeln, ob dies alle oder auch nur die wichtigsten Erklärungsgrößen des Termin- und Spardepositenquotienten sind. Die Vielzahl von Einflußfaktoren, welche auf diesen Quotienten einwirken, läßt kaum erwarten, daß theoretisch und empirisch Zinsdifferenzen eine befriedigende Erklärung bieten beziehungsweise der Vergleich von laufendem Einkommen mit dem Bestand an Humankapital, den die Nichtbanken permanent anstellen. Hinter diesen Verhaltensfunktionen steht wiederum die Annahme, es ließe sich eine stabile Nachfragefunktion für eine Untergruppe von Finanzaktiva — hier für die Sichtdepositen — ansetzen. Gegen die Verhaltensfunktionen sind also wiederum alle jene Bedenken ins Felde zu führen, die schon weiter oben bei der keynesianischen Kritik an der Methode, aus dem breiten Spektrum der Finanzaktiva eine Untergruppe besonders hervorzuheben, vorgetragen worden sind (I B. 1.). Bei den empirischen Untersuchungen soll aber weniger ein Instabilitätsargument im Vordergrund stehen. Ein wichtigeres Anliegen ist es, die zentralbankpolitische Relevanz des Allokationsverhaltens des Publikums zu untersuchen. Es soll die von Brunner und Neumann aufgestellte Behauptung geprüft werden, das Allokationsverhalten des Publikums gefährde keineswegs eine Steuerung der Geldmenge innerhalb „brauchbarer Grenzen“. Im Teil II dieser Arbeit wird einige empirische Evidenz vorgelegt, die diese Behauptung starken Zweifeln aussetzen muß. Unter diesem Gesichtspunkt relativiert sich die praktische Bedeutung theoretisch anspruchsvoll formulierter Verhaltenshypothesen. Sie können sicherlich einiges methodisches Interesse beanspruchen, von zentralbankpolitischer Relevanz sind sie aber nicht.

b) Kompensationsvorgänge auf der Entstehungsseite der Geldbasis

In der Vergangenheit ist durch Aktivgeschäfte der Bundesbank in der Regel mehr Zentralbankgeld geschaffen worden, als die Kreditinstitute zum Zwecke der Reservehaltung und das Publikum zum Zwecke der Bargeldhaltung an Zentralbankgeld benötigten. Zum Beispiel von Anfang 1970 bis Ende 1973 haben sich in der Bundesrepublik die Reserven der Banken um rund 35 Mrd. DM[84] und der Bargeldumlauf um rund 16 Mrd. DM erhöht. Die unbereinigte Geldbasis, das ist die Summe aus diesen beiden Positonen, war also Ende 1973 um rund 51 Mrd. DM höher als zu Beginn des Jahres 1970. Im gleichen Zeitraum ist aber allein aufgrund der Zunahme der Auslandsforderungen der Bundesbank für rund 80 Mrd. DM[85] Zentralbankgeld geschaffen worden.

Nun muß der Saldo aller derjenigen Positionen der Zentralbankbilanz, die auf der Entstehungsseite der Geldbasis eingestellt sind, gleich sein der Summe der Verwendungsarten von Basisgeld, also Bargeldumlauf und Bankreserven. Ist in einem bestimmten Zeitraum durch Aktivgeschäfte der Notenbank mehr Zentralbankgeld entstanden, als es der Erhöhung der Geldbasis entsprochen hat, so muß diese Differenz durch gegenläufige Bewegungen bei irgendeiner der Entstehungskomponenten der Geldbasis ausgeglichen worden sein. Dies ist eine rechnerische Identität, sie ist immer und in jedem Zeitpunkt erfüllt. Wie nun jene Vorgänge ablaufen, welche diese rechnerische Identität herstellen, wird allerdings im Geldbasiskonzept nicht explizit sichtbar gemacht. Die Geldbasis wird als exogen ausgegeben, unabhängig von der Frage, welche Mechanismen die Höhe der Geldbasis determinieren.

Hier ist ein zentrales Problem der praktischen Geld- und Kreditpolitik angesprochen, nämlich das Problem der Steuerbarkeit der Geldbasis in Situationen, in denen die Zentralbank keine volle Kontrolle über die Höhe ihrer Aktivgeschäfte hat. Die Bundesbank mußte über längere Zeit hinweg aufgrund der Interventionspflicht an den Devi-

---

[84] Davon sind rund 21 Mrd. DM auf Reservesatzänderungen zurückzuführen. Dieser Betrag wurde unter Verwendung der in Fußnote 72 angegebenen Formel errechnet.

[85] Diese Zahl errechnet sich als Veränderung der zentralen Währungsreserven zuzüglich einem Ausgleichsposten, welcher Veränderungen des Wertes der Währungsreserven der Bundesbank auffängt, die nicht transaktionsbedingt sind (im wesentlichen sind dies Änderungen des DM-Wertes der Währungsreserven aufgrund von Paritätsänderungen, sowie Zuteilungen von IWF-Sonderziehungsrechten). Dieser Posten muß berücksichtigt werden, weil für das geschaffene Zentralbankgeld die Devisen sozusagen zu Einstandspreisen bewertet werden müssen, während in der Bilanz der Bundesbank die Währungsreserven nach den Vorschriften des Aktiengesetzes bewertet werden.

senmärkten oftmals gegen ihren Willen Zentralbankgeld in beträchtlichem Umfang schaffen. Besonders ins Gewicht fiel dies in den Jahren 1970 bis 1973. Wenn dennoch die außerordentlich starke Zunahme an Zentralbankgeld, die auf das Auslandsgeschäft der Bundesbank zurückging, nicht zu einer ebenso starken Zunahme der Geldbasis führte, so kann dies auf zwei Arten interpretiert werden.

Zum einen kann unterstellt werden, die Bundesbank habe bewußt oder unbewußt eine Kompensationspolitik betrieben. Eine solche Interpretation wird von manchen monetaristischen Autoren bevorzugt. So meint zum Beispiel Willms: „In the past the German monetary authorities have been relatively successful in neutralizing the impact of the noncontrolled or indirectly controlled components of the money supply process by changing the directly controlled components[86].“ Zu diesem Schluß kommt Willms durch folgende Beobachtung. Er subtrahiert von der Geldbasis die zentralen Währungsreserven und stellt den Änderungen der so gewonnenen Größen — er bezeichnet sie als heimische Komponente der Geldbasis — die Änderungen der zentralen Währungsreserven gegenüber[87]. Es zeigt sich dann im Zeitverlauf, daß Änderungen der heimischen Komponente der Geldbasis und Änderungen der zentralen Währungsreserven ausgeprägt gegenläufige Bewegungen aufweisen. Hieraus schließt Willms, daß die Bundesbank in der Vergangenheit eine sehr erfolgreiche Kompensationspolitik betrieben habe, es sei ihr gelungen, die außenwirtschaftlich bedingte Zentralbankgeldschaffung weitgehend zu neutralisieren, indem sie gegenläufige Bewegungen bei den heimischen Bestimmungsgründen der Geldbasis herbeigeführt habe.

Freilich ist auch eine andere Interpretation möglich. Wenn starke Ausschläge in der außenwirtschaftlich erzwungenen Zentralbankgeldschaffung nicht in ebenso starke Ausschläge der Geldbasis transformiert wurden, so lag dies nicht an einer Kompensationspolitik der Bundesbank, sondern in erster Linie am Verhalten der Kreditinstitute. Die Banken hatten die Möglichkeit, zufließendes Zentralbankgeld, welches sie nicht zur Erfüllung der Mindestreservepflicht benötigten, verzinslich in liquiden Aktiva, das sind Geldmarktpapiere, offene Refinanzierungskontingente und Geldmarktanlagen im Ausland[88] anzulegen. Diese liquiden Aktiva werden gelegentlich auch als potentielles Zentralbankgeld bezeichnet, weil sie jederzeit unter Inanspruchnahme der Bundesbank in aktuelles Zentralbankgeld umgetauscht werden können.

86 Willms, Controlling Money ..., S. 24.

87 Willms.

88 Geldmarktanlagen im Ausland sind allerdings nur in einem System fester Wechselkurse zu den liquiden Aktiva des Geschäftsbankensystems zu zählen, weil nur dann bei ihrer Umwandlung in Zentralbankgeld die Notenbank beansprucht werden kann.

Vieles spricht dafür, daß es die Banken waren, die für eine Kompensation der außenwirtschaftlich bedingten Zentralbankgeldschaffung gesorgt haben und nicht die Bundesbank. Denn solange den Banken die Möglichkeiten geboten sind, Zentralbankgeld verzinslich in liquiden Aktiva anzulegen, ist nämlich Verlaß darauf, daß sie aktuelles Zentralbankgeld prinzipiell nur in solcher Höhe halten, wie sie zur Erfüllung der Mindestreservepflicht benötigen. Es kann keine Rede davon sein, daß es Aktivitäten der Bundesbank zu verdanken gewesen sei, wenn die Kreditinstitute solches Zentralbankgeld, das sie nicht zur Auffüllung der Bankreserven benötigen, dazu verwendet haben, Geldmarktpapiere zu erwerben oder die Refinanzierung abzubauen, das heißt die offenen Rediskontkontingente aufzubauen. Bislang waren es also die Kreditinstitute, die — unabhängig vom Willen der Bundesbank — darüber entschieden haben, ob Zentralbankgeld aus einer bestimmten Quelle entweder anderweitig angelegt wurde oder aber die Geldbasis erhöhte. Hatten die Banken aber solche Möglichkeiten, dann war die Geldbasis eine endogene Variable — endogen im Politik-Sinne —, das bedeutet, ihre Entwicklung in der Vergangenheit war nicht von Maßnahmen der Bundesbank bestimmt. Und hier liegt eine weitere Schwierigkeit, die Formel $M = mB$ zu verifizieren. So richtig es ist, daß eine Einlagenexpansion nicht ohne eine Ausweitung der Basisgeldbestände vor sich gehen kann, so richtig ist es aber auch, daß in der Vergangenheit einer (eventuell zentralbankpolitisch bewirkten) Zufuhr von Basisgeld zu den Banken, die über die Reservehaltung hinausging, eine von den Banken bewirkte „Vernichtung" von Basisgeld gegenüberstand (durch Anlage in liquiden Aktiva). Solange die Banken Einfluß auf die Höhe der Geldbasis haben, kann die Zentralbank nicht darauf vertrauen, daß auf eine Zufuhr beziehungsweise auf einen Entzug von Zentralbankgeld eine Erhöhung beziehungsweise Senkung der Geldmenge folgt.

Gewiß könnte nun angeführt werden, daß es Möglichkeiten gebe, die Geldbasis zu einer exogenen Variablen — exogen im Politik-Sinne — zu machen. Zum Beispiel könnte ein eigenständiger Einfluß der Kreditinstitute auf die Höhe der Geldbasis dadurch beseitigt werden, daß ihnen die frei verfügbaren liquiden Mittel in voller Höhe entzogen würden. Eine andere Möglichkeit wäre der Einsatz einer mengenorientierten Offen-Markt-Politik der Bundesbank. Würde die Offen-Markt-Politik mit den Mengen operieren, so müßten den Banken nicht einmal die frei verfügbaren liquiden Mittel entzogen werden. Es käme lediglich darauf an, daß die Bundesbank dann, wenn ein Rückgriff der Banken auf ihre frei verfügbaren liquiden Mitel zu einer unerwünschten Erhöhung der Geldbasis führt, Offen-Markt-Papiere verkauft und damit wieder für eine Reduktion der Geldbasis sorgt[89].

Daß solche Möglichkeiten — zumindest theoretisch — bestehen, mag gar nicht bestritten werden. Aber bevor verlangt werden darf, daß die Bundesbank die Modalitäten ihrer Politik ändert, müßte erst erwiesen sein, daß die Geldmenge tatsächlich die ihr zugeschriebene dominante Rolle im Wirtschaftsprozeß spielt, und daß der Zusammenhang zwischen Geldbasis und Geldmenge tatsächlich so eng ist, wie es von den Monetaristen behauptet wird. Gegen beide Hypothesen sind eine Reihe von Bedenken geltend gemacht worden, und die im empirischen Teil dieser Arbeit vorgelegte Evidenz stützt diese Kritik. So gesehen besteht kein Anlaß, jene Funktionsbedingungen zu installieren, welche die Geldbasis zu einer exogenen Größe machen können, also zu einer Variablen, die der Kontrolle der Bundesbank unterliegt.

Kompensationsvorgänge innerhalb der Entstehungsseite der Geldbasis, deren Wirkung auf die Depositenexpansion, die Determination der Höhe der Geldbasis, all dies bleibt im Dunkeln in einem Konzept, das einfach eine Größe — die Geldbasis — als exogen ausgibt, welche in Wahrheit nicht exogen ist. Die zentralbankpolitische Problematik der Geldmengensteuerung wird durch das Geldbasiskonzept nicht transparenter gemacht, eher wird der Blick dazu verstellt. Die vielfältigen Einflüsse auf die Geldmenge werden nicht explizit sichtbar gemacht, sie schlagen sich in einem oder in zwei Allokationsparametern nieder. Das in Westdeutschland entscheidende zentralbankpolitische Problem, nämlich eine außenwirtschaftlich bedingte Schaffung von Zentralbankgeld zu kompensieren, ist vollends herausdefiniert — es ist ja Verlaß darauf, daß die Banken auf ihren Zentralbankkonten nur wenig mehr Einlagen halten werden, als sie zur Erfüllung der Mindestreservepflicht benötigen.

Der Prozeß der Depositenschaffung verläuft nun mal nicht so einfach und mechanisch, wie es das Geldbasiskonzept vorweist. Es darf nicht verwundern, daß jene Hypothese, welche einen strammen Zusammenhang zwischen Geldbasis und Geldmenge behauptet, einer rigorosen empirischen Überprüfung nicht standhalten wird.

D. Zusammenfassung der Kritik und Ansatzpunkte der empirischen Überprüfung

Die vermögenstheoretische Begründung der Geldmengenpolitik behauptet, daß aus dem gesamten Vermögen des privaten Sektors einer

[89] So zum Beispiel der Sachverständigenrat im Mehrheitsvotum im Jahresgutachten 1973/74 (Sachverständigenrat zur Begutachtung der gesamtwirtschaftlichen Entwicklung, JG 1973/74, Mut zur Stabilisierung, Stuttgart und Mainz 1973, Ziffer 171).

Volkswirtschaft drei Positionen mit besonderen Eigenschaften ausgestattet sind, nämlich

1. Bankreserven
2. Bargeldbestände (in Händen der Nichtbanken)
3. Sichteinlagen (von Nichtbanken bei Kreditinstituten).

Die Summe aus 1. und 2. (die Geldbasis) beherrscht die Summe aus 2. und 3. (die Geldmenge), welche ihrerseits sämtliche Vermögensdispositionen aller Vermögen haltenden Wirtschaftssubjekte des privaten Sektors beherrscht.

Die Positionen 1. und 2. (Geldbasis) sind Forderungen gegen die Zentralbank, ihre Auszeichnung vor allen anderen Zentralbankpassiva besteht darin, daß sie die Vermutung begründen, eine gute Erklärung für die Höhe der Summe aus 2. und 3. (Geldmenge) zu bieten. Die Positionen 2. und 3. (Geldmenge) sind Aktiva der Privaten, ihre Auszeichnung vor allen anderen Aktiva besteht darin, daß sie die Vermutung begründen, eine gute Erklärung für die Höhe der Gesamtnachfrage zu bieten.

Die Kritik hat das analytische Konzept in Frage gestellt, welches darauf beruht, aus dem Spektrum der gesamten Vermögenspositionen zwei Untergruppen (genannt Geldbasis und Geldmenge) besonders abzuheben. Es wurde angezweifelt, ob eine stabile Beziehung zwischen Geldbasis und Geldmenge einerseits, zwischen Geldmenge und allgemeiner ökonomischer Aktivität andererseits statuiert werden kann (I B. und I C.).

Es wurde eine ganze Reihe von Transaktionen der Nichtbanken mit dem Bankensystem angeführt, welche die Höhe der Geldmenge beeinflussen, auf welche aber die Zentralbank nicht einwirken kann. Solche Nichtbankendispositionen schlagen sich im Geldangebotsmultiplikator und hier vor allem im Termin- und Spardepositenquotient nieder. Haben diese Nichtbankendispositionen einen kräftigen Einfluß auf die Höhe der Geldmenge, dann ist der Erklärungswert der Geldbasis für die Geldmengenentwicklung gering, derjenige des Termin- und Spardepositenquotienten hoch. Die Frage nach der relativen Bedeutung dieser Nichtbankendispositionen muß empirisch beantwortet werden.

Die Kritik am analytischen Konzept einer „Geldmenge" hat daran angesetzt, daß es eine ganze Reihe von guten Substituten gibt, welche sich von der Geldmenge allein dadurch unterscheiden, daß sie nicht die Zahlungsmittelfunktion erfüllen können. Finden Austauschvorgänge zwischen Geldmenge und Substituten in nennenswertem Umfang statt, dann zeigt dies, daß die Privaten sich an zentralbankpolitisch bewirkte Geldmengenveränderungen nicht anzupassen brauchen, Geldangebot und Geldnachfrage lassen sich dann nicht separieren.

Die Pesek-Saving-These, nach der mit Änderungen der Geldmenge Vermögenseffekte einhergehen, wurde nicht grundsätzlich in Frage gestellt. Es wurden aber einige Argumente angeführt, welche dagegen sprechen, daß Vermögenseffekte der Geldmengenpolitik Veränderungen der Gesamtnachfrage in nennenswertem Umfang bewerkstelligen. Außerdem wurde bezweifelt, ob Geldmengenänderungen, welche aus Substitutionsvorgängen zwischen Termin- und Spardepositen einerseits, Sichtdepositen andererseits, resultieren, Änderungen der Gesamtnachfrage verursachen. Solche Substitutionsvorgänge erzeugen per se weder Einkommensströme, noch erhöhen sie das Nettovermögen der Geldhalter, sie können also keinesfalls einen kräftigen Effekt auf die Gesamtnachfrage ausüben. Werden Geldmengenvariationen von solchen Substitutionsvorgängen beherrscht, dann kann die Hypothese nicht aufrecht erhalten werden, daß die ökonomische Aktivität mit der Geldmenge gut erklärt werden kann. Es wird sich dann keine regelmäßige Beziehung zwischen Schwankungen der allgemeinen ökonomischen Aktivität und Veränderungen der Geldmenge feststellen lassen. Auch diese Frage muß empirisch beantwortet werden.

TEIL II

Empirische Untersuchungen

A. Zum Problem der Mehrdeutigkeit von Schätzungen der reduzierten Form: St. Louis und die Kritiker

Ein großer Teil der empirischen Arbeiten monetaristischer Autoren dient der Intention, die keynesianische Position zu Fall zu bringen. Die Frage „Keynesianismus oder Monetarismus" kann mit Schätzungen struktureller Gleichungen der Geldnachfrage und des Geldangebots nicht entschieden werden. Solche Schätzungen geben keine Auskunft über den Beitrag einzelner Politikbereiche zur Stabilisierung der Einkommensentwicklung. Sie lassen also die Frage offen, ob die Keynesianer recht haben mit ihrer Meinung, daß die Fiskalpolitik prinzipiell ein geeigneteres Instrument der Stabilisierungspolitik sei als die Geldpolitik, oder ob die Monetaristen recht haben mit ihrer Meinung, daß eine effiziente Stabilisierungspolitik sich vorrangig der Mittel der Geldpolitik bedienen müsse. Deshalb hat sich der Schwerpunkt der empirischen Arbeiten monetaristischer Autoren in den letzten Jahren verschoben; zunehmend tritt nun die Frage nach der relativen Bedeutung monetärer und fiskalischer Impulse in den Vordergrund. Diese Frage zu beantworten, bedürfte eigentlich eines ausformulierten Strukturmodells. Dem steht jedoch die von den Monetaristen wiederholt bekräftigte Vermutung entgegen, daß die Kanäle, durch welche die Geldmengenpolitik wirke, ein sehr komplexes System bildeten, das in einem noch so detaillierten Strukturmodell nicht abgebildet werden könne, überdies könne es Kanäle geben, die bislang noch nicht entdeckt und identifiziert seien[1]. Erfolgreicher sei es, die Gesamtnachfrage direkt mit geldpolitischen und fiskalpolitischen Variablen zu verbinden, also das Strukturmodell gar nicht erst auszuformulieren, sondern gleich seine reduzierte Form einem Test zu unterwerfen.

Friedman und Meiselman waren die ersten, die einen Test „Keynesianismus versus Monetarismus" mit Schätzungen der reduzierten Form präsentierten[2]. Ihr Ergebnis, die Geldmenge erkläre die ökonomische

[1] Vgl. hierzu die Ausführungen in I A. 1. b.

[2] Friedman, M. und Meiselman, D., The Relative Stability of Monetary velocity and the Investment Multiplier in the United States, 1897 - 1948, in:

Aktivität besser als die autonomen Ausgaben, hat eine Welle heftiger Kritik ausgelöst[3]. Das Fazit läßt sich mit Gramlich wie folgt charakterisieren: Die Kritiker „... made a few important changes in the FM (Abkürzung für Friedman-Meiselman, d. V.) technique and, as is so often the case, came up with entirely different and less clear-cut conclusions“[4].

In einer fünf Jahre später erschienenen Arbeit über die relative Bedeutung monetärer und fiskalischer Impulse haben Andersen und Jordan[5] zwar die aufgezeigten methodischen Gebrechen der Friedman-Meiselman-Studie vermieden. Dennoch, auch ihre Ergebnisse haben sich, wie in einigen kritischen Beiträgen gezeigt werden konnte, als nicht überzeugend herausgestellt. Diese Kritik, die sich an die Arbeit von Andersen-Jordan anschloß, sei paradigmatisch dafür vorgeführt, daß die empirischen Arbeiten monetaristischer Autoren alles andere als eindeutig sind. Es lohnt sich, hierauf etwas näher einzugehen. Danach wird es vielleicht nicht mehr überraschen, daß die in dieser Arbeit vorgelegten Berechnungen mit westdeutschem Zahlenmaterial ebenfalls Ergebnisse liefern, die von denjenigen monetaristischen Autoren völlig abweichen.

1. Die St. Louis-Gleichung[6]

Andersen und Jordan setzen sich zum Ziel, drei allgemein vertretene Hypothesen über die relative Bedeutung monetärer und fiskalischer Impulse zu testen, nämlich die Reaktion der allgemeinen ökonomischen Aktivität auf fiskalpolitische Maßnahmen sei

1. kräftiger,
2. besser prognostizierbar und
3. schneller

als auf geldpolitische Maßnahmen.

Stabilization Policies, Commission on Money and Credit, Englewood Cliffs 1963, S. 165 ff.

3 Siehe dazu folgende Arbeiten, die im Septemberheft 1965 des American Economic Review abgedruckt sind: Ando, A. und Modigliani, F., Velocity and the Investment Multiplier, S. 693 ff.; De Prano, M. und Mayer, T., Tests of the Relative Importance of Autonomous Expenditure and Money, S. 729 ff. sowie die Replies und Rejoinders. Außerdem: Hester, D., Keynes and the Quantity Theory: A Comment on the Friedman-Meiselman CMC Papier, in: Review of Economics and Statistics, Bd. 46 (1964), S. 364 ff. und den Reply von Friedman-Meiselman (ebenda, S. 369 ff.). Eine Zusammenfassung der Diskussion findet sich bei: Gramlich, E. M., The Usefulness of Monetary and Fiscal Policy as Discretionary Stabilization Tools, in: Journal of Money, Credit, and Banking, Bd. 3 (1971), S. 506 ff.

4 Gramlich, The Usefulness ..., S. 508 f.

5 Andersen, L. und Jordan, J., Monetary and Fiscal Actions: A Test of their Relative Importance in Economic Stabilization, Federal Reserve Bank of St. Louis Review, November 1968, S. 11 ff.

6 Zur Darstellung vgl. Andersen, L. und Jordan, J.

Große Ansprüche an ihre Methoden stellen die beiden Autoren nicht[7]. Es sollen weder konkurrierende Theorien über das Durchwirken monetärer beziehungsweise fiskalischer Impulse getestet werden, noch bestimmte in solchen Theorien unterstellte Kausalverhältnisse. Ziel ist es lediglich, empirische Relationen zwischen häufig benutzten Indikatoren der Stabilisierungspolitik und der allgemeinen ökonomischen Aktivität zu schätzen; Beziehungen, welche mit den Implikationen einiger Theorien verträglich sind, mit den Implikationen anderer Theorien aber nicht.

Als Maß der allgemeinen ökonomischen Aktivität wird das Bruttosozialprodukt (GNP) verwendet. Die Indikatoren der Stabilisierungspolitik werden, nach einer Diskussion von drei Theorien des Durchwirkens monetärer und fiskalischer Impulse (keynesianischer Ansatz, Portfolio-Ansatz nach Tobin und Neo-Quantitätstheorie) wie folgt spezifiziert. Als Indikatoren monetärer Impulse werden alternativ die Geldmenge M_1 und die um den Effekt von Mindestreservesatzänderungen korrigierte Geldbasis angesetzt. Zur Messung fiskalischer Impulse wird das Konzept des Vollbeschäftigungsbudgets (High Employment Budget) herangezogen, als Indikatoren dienen die um den Effekt von Konjunkturschwankungen korrigierten Staatsausgaben für Güter, Dienste und Transferzahlungen, sowie die gleichfalls korrigierten Steuereinnahmen (einschließlich der „Social Security Taxes"). Andere Einflüsse auf die allgemeine ökonomische Aktivität werden nicht spezifiziert. Sie werden, nach Meinung von Andersen-Jordan, durch das Absolutglied der Schätzung aufgefangen. Inwieweit sich solche Einflüsse in der Varianz der empirischen Residuen, das heißt, dem „unerklärten" Teil der Schätzung, niederschlagen, wird nicht diskutiert. Offensichtlich führen die Autoren die in ihren Schätzungen beträchtliche unerklärte Varianz der GNP-Variablen auf die Aufbereitungsart des Zahlenmaterials zurück (Andersen-Jordan rechnen mit ersten Differenzen der Variablen); die Größenordnung der gemessenen Bestimmtheitsmaße (0,53 bis 0,60) kommentieren sie nämlich mit „... these values are usually considered to be quite good when first differences are used rather than levels of the data"[8]. Die Störgrößenvarianz lediglich mit der Aufbereitungsart zu erklären, ist freilich eine mehr als unbefriedigende Antwort[9].

---

[7] Freilich ist eine gewisse Diskrepanz zwischen den bescheidenen Ansprüchen und den weitreichenden Schlußfolgerungen unübersehrbar.

[8] Andersen, L. und Jordan, J., S. 17.

[9] Ähnlich äußert sich auch Davis, R. G., How Much Does Money Matter? A Look at Some Recent Evidence, in: Federal Reserve Bank of New York Monthly Review, June 1969, S. 121. Daß die Argumentation von Andersen-Jordan betreffs der Qualität der von ihnen gemessenen Bestimmtheitsmaße nicht korrekt ist, läßt sich auch formal zeigen. Zugrundegelegt sei der allgemeine Schätzansatz

(1) $$y_i = \hat{\beta} x_i + u_i$$

Andersen-Jordan testen auf der Basis von Vierteljahreswerten für den Zeitraum 1952[I] bis 1968[II] folgenden Regressionsansatz

$$\Delta\, GNP = \alpha_0 + \alpha_1\, \Delta\, M + \alpha_2\, \Delta\, E + \alpha_3\, \Delta\, R$$

GNP = Gross National Product

M = geldpolitischer Indikator (alternativ Geldmenge M_1 und Geldbasis)

E = Staatsausgaben (High Employment Expenditures)

R = Steuereinnahmen (High Employment Receipts)

---

wobei endogene und exogene Variable bereits in der Abweichungsschreibweise (Abweichungen vom Stichprobenmittelwert) in den Ansatz eingehen; d. h. es gilt $y_i = Y_i - \bar{Y}$; $x_i = X_i - \bar{X}_i$; Y_i bzw. X_i sind die beobachteten Werte der endogenen bzw. der exogenen Variablen; außerdem gilt $u_i = y_i - \hat{\beta}\, x_i$; dabei ist $\hat{\beta}$ der Schätzwert des Regressionskoeffizienten. Unter Verwendung von $\hat{y}_i = \hat{\beta}\, x_i$ läßt sich der Ansatz (1) auch schreiben als

(2) $$y_i = \hat{y}_i + u_i$$

Um zu zeigen, wie die Varianz der endogenen Variablen erklärt werden kann, wird folgende Varianzzerlegung vorgenommen

(3) $$\sum y_i^2 = \sum \hat{y}_i^2 + \sum u_i^2 + 2 \sum \hat{y}\, u_i$$

Der letzte Term in Ausdruck (3) ist gleich Null [denn $\Sigma\, \hat{y}_i\, u_i = \Sigma\, \hat{\beta}\, x_i\, u_i = \hat{\beta}\, \Sigma\, x_i\, u_i = \hat{\beta}\, \Sigma\, x_i\, (y_i - \hat{\beta}\, x_i)$; der Kleinst-Quadrate-Schätzwert für $\hat{\beta}$ ist

(4) $$\hat{\beta} = \frac{\Sigma\, x_i\, y_i}{\Sigma\, x_i^2}$$

also ist $\hat{\beta}\, \Sigma\, x_i\, (y_i - \hat{\beta}\, x_i) = \hat{\beta}\, \Sigma\, x_i\, y_i - \hat{\beta}\, \Sigma\, \hat{\beta}\, x_i^2 = \hat{\beta}\, \Sigma\, x_i\, y_i - \hat{\beta}\, \dfrac{\Sigma\, x_i\, y_i}{\Sigma\, x_i^2}\, \Sigma\, x_i^2 = 0$,]

dann geht (3) über in

(5) $$\sum y_i^2 = \sum \hat{y}_i^2 + \sum u_i^2$$

Damit läßt sich die Varianz der endogenen Variablen zerlegen in einen durch die Schätzung „erklärten" Teil $\left(\sum \hat{y}_i^2\right)$ und einen unerklärten Rest. Der Anteil der erklärten Varianz an der gesamten Varianz der endogenen Variablen ist gleich dem Bestimmtheitsmaß R^2, denn es gilt

$$\frac{\Sigma\, \hat{y}_j^2}{\Sigma\, y_i^2} = \frac{\Sigma\, (\hat{\beta}\, x_i)^2}{\Sigma\, y_i^2} = \hat{\beta}^2\, \frac{\Sigma\, x_i^2}{\Sigma\, y_i^2}$$

Unter Verwendung des Kleinst-Quadrate-Schätzwertes (4) für β geht dies über in

$$\frac{(\Sigma\, x_i\, y_i)^2\; \Sigma\, x_i^2}{\left(\Sigma\, x_i^2\right)^2\, \Sigma\, y_i^2} = \frac{(\Sigma\, x_i\, y_i)^2}{\Sigma\, x_i^2\, \Sigma\, y_i^2} = R^2$$

Das Bestimmtheitsmaß ist also gleich 1 abzüglich des Anteils der „unerklärten" Varianz an der gesamten Varianz der endogenen Variablen. Die von Andersen-Jordan ermittelten Bestimmtheitsmaße weisen also auf einen beträchtlichen unerklärten Teil der Entwicklung der GNP-Variablen hin. Tritt eine beträchtliche Störgrößenvarianz ($\Sigma\, (y_i - \beta\, x_i)^2$) auf, so kann dies drei Ursachen haben: (a) Fehler im Zahlenmaterial, (b) falsche Spezifikation des

Die ersten Differenzen sind aus saisonbereinigten Werten der Variablen berechnet.

Die exogenen Variablen werden mit Werten zum gleichen Zeitpunkt und bis zu drei Perioden verzögerten Werten in die Regression eingeführt. Die Gewichtung wird mit der Almon-Lag-Technik vorgenommen. Die Summe der Gewichte wird als Multiplikator interpretiert.

Zwei der wichtigsten Ergebnisse der Rechnungen von Andersen-Jordan sind in Tabelle 1 aufgeführt. Diese Tabelle enthält auch noch einige Ergebnisse aus kritischen Beiträgen zur Andersen-Jordan-Studie. Im folgenden seien zunächst die Rechnungen von Andersen-Jordan dargestellt und kommentiert.

Wie man sieht, sind in den beiden aufgeführten Andersen-Jordan-Schätzungen die Multiplikatoren der geldpolitischen Variablen um vieles größer als die der fiskalpolitischen Variablen. Überdies haben in drei von den vorgeführten vier Fällen die Multiplikatoren der fiskalpolitischen Variablen sogar das falsche Vorzeichen. Theoretisch ist ja zu erwarten, daß eine Erhöhung der Staatsausgaben einen positiven, eine Erhöhung der Steuereinnahmen einen negativen Effekt auf Änderungen des Bruttosozialprodukts haben. Damit scheint die erste zu testende Hypothese, die Wirkung fiskalpolitischer Maßnahmen auf die allgemeine ökonomische Aktivität ist kräftiger als diejenige geldpolitischer Maßnahmen, widerlegt zu sein.

Die zweite Hypothese, fiskalpolitische Maßnahmen seien besser prognostizierbar als geldpolitische, wird von Andersen-Jordan anhand der t-Werte der Regressionskoeffizienten überprüft. Je größer der t-Wert eines Regressionskoeffizienten, das heißt, je größer der Quotient aus Regressionskoeffizient und zugehöriger Standardabweichung ist, desto zuverlässiger erweist sich die Schätzung, desto besser kann eine aus der Änderung der betreffenden exogenen Variablen resultierende Änderung der endogenen Variablen vorhergesagt werden. Die t-Werte der Almonkoeffizienten der Fiskalindikatoren erweisen sich in den Schät-

Funktionstyps, (c) wesentliche erklärende Variable fehlen in dem zugrundegelegten Ansatz. Die erste Ursache, auf die Andersen-Jordan offensichtlich rekurrieren, kann nicht für die relativ bescheidenen Bestimmtheitsmaße verantwortlich sein. Der Beobachtungsfehler in den ersten Differenzen von Zeitreihen ist nicht größer als bei den Absolutwerten der gleichen Reihen. Hätten Andersen-Jordan aber mit Absolutwerten gerechnet, so hätten sie zwangsläufig höhere Bestimmtheitsmaße ermittelt, einfach weil hier die Zusammenhänge zwischen Trends dominiert hätten. Inwieweit Ursache (b) in Frage kommt, kann nicht gesagt werden, für Andersen-Jordan stellt aber die Spezifikation des Funktionstyps offensichtlich kein Problem dar. Mutmaßlich ist es auf Ursache (c) zurückzuführen, daß die Höhe der von Andersen-Jordan gemessenen Bestimmtheitsmaße vergleichsweise bescheiden ist. In der beträchtlichen Störgrößenvarianz hat sich dann der Einfluß der fehlenden erklärenden Variablen auf das *GNP* niedergeschlagen.

Tabelle 1: **Ausgewählte Ergebnisse von Schätzungen der reduzierten Form vom St. Louis-Typ[a)]**

Studie	Zahlenmaterial	Exogene Variable	Multiplikatoren[b)]			R^2
			M	*E*	*R*	
Andersen-Jordan (zit. in Fußn. 5)	Vierteljährliche erste Differenzen, 1952/I - 1968/II, exogene Variable bis 3 Perioden zeitverzögert, Polynom 4. Grades	Geldpolitischer Indikator: Geldbasis; Fiskalindikatoren: High Employment Expenditures, High Employment Receipts	16,01 (5,67)	−0,54 (0,89)	0,51 (0,67)	0,53
		Geldpolitischer Indikator: Geldmenge; Fiskalindikatoren wie oben	5,84 (6,57)	0,07 (0,13)	0,23 (0,32)	0,58
de Leeuw-Kalchbrenner (zit. in Fußn. 14)	Vierteljährliche erste Differenzen, 1952/I - 1968/II, exogene Variable bis 7 Perioden zeitverzögert, Polynom 4. Grades	Geldpolitischer Indikator: eigene Bankreserven[c)]; Fiskalindikatoren: High Employment Expenditures, High Employment Receipts (preisbereinigt)	11,6 (1,6)	2,5 (4,1)	−2,8 (2,6)	0,56
Silber (zit. in Fußn. 18)	Vierteljährliche erste Differenzen, 1961/I - 1969/I, exogene Variable bis 7 Perioden zeitverzögert, Polynom 3. Grades	Wie Andersen-Jordan; geldpolitischer Indikator: Geldbasis	9,20 (2,3)	1,75 (2,1)	−3,92 (2,8)	0,73
Gramlich (zit. in Fußn. 3)	Vierteljährliche erste Differenzen, 1953/I - 1968/IV, exogene Variable bis 7 Perioden zeitverzögert, Polynom 2. Grades	Geldpolitischer Indikator: Geldbasis; Fiskalindikatoren siehe Erläuterungen im Text	11,28 (3,4)	0,55 (0,7)	−2,15 (1,4)	0,58
		Geldpolitischer Indikator: Freie Reserven; Fiskalindikatoren siehe Erläuterungen im Text	14,20 (1,6)	3,21 (6,5)	−4,03 (3,1)	0,60
Davis (zit. in Fußn. 9)	Vierteljährliche erste Differenzen, 1952/I - 1960/IV, exogene Variable bis 3 Perioden zeitverzögert, Polynom 2. Grades	Geldmenge als alleinige exogene Variable	3,6	—	—	0,18

a) M = geldpolitischer Indikator; E, R = fiskalpolitische Indikatoren (E = Staatsausgaben, R = Steuereinnahmen); *t*-Werte in Klammern unterhalb der Regressionskoeffizienten. — b) Nach Almon-Lag-Technik ermittelte Summe der Gewichte. — c) „Non-borrowed reserves“.

zungen von Andersen-Jordan als beträchtlich schlechter als diejenigen der monetären Indikatoren[10]. Also ist auch — so jedenfalls die Meinung von Andersen-Jordan — die zweite Hypothese, wonach die Wirkung fiskalpolitischer Maßnahmen besser prognostizierbar sei, als diejenige geldpolitischer Maßnahmen, widerlegt.

Auch die Hypothese III, fiskalpolitische Maßnahmen wirken schneller als geldpolitische, findet durch die Andersen-Jordan-Rechnung keine Bestätigung. Die Almon-Koeffizienten der geldpolitischen Indikatoren folgen einer vergleichsweise weit ausschwingenden unimodalen Verteilung[11], während die Almon-Koeffizienten der fiskalischen Variablen nicht das theoretisch zu erwartende Profil — starke Ausschwingung in den Anfangsphasen — zeigen und überdies von unbedeutender Größenordnung sind.

Alle drei Hypothesen wurden also abgelehnt. Andersen-Jordan ziehen hieraus den Schluß, daß entweder die Fiskalindikatoren die Fiskalpolitik nicht korrekt repräsentieren, oder aber daß die konkurrierende Hypothese, nämlich die Dominanz der Geldpolitik über die GNP-Entwicklung, vorläufig bestätigt sei.

2. Die Kritik

Die Möglichkeit, daß die geschätzten Parameter systematisch verzerrt sein könnten, wrid von Andersen-Jordan nicht diskutiert. Diese Frage ist aber von zentraler Bedeutung. Es gibt eine ganze Reihe von Anhaltspunkten dafür, daß in den Rechnungen von Andersen-Jordan die Regressionskoeffizienten der geldpolitischen Indikatoren systematisch überschätzt und die Regressionskoeffizienten der Fiskalindikatoren systematisch unterschätzt sind.

Es wird wohl unstrittig sein, daß bei der Schätzung einer einfachen Umlaufsgeschwindigkeitsgleichung sich die fiskalpolitischen Einflüsse auf das Bruttosozialprodukt in der Höhe der gemessenen Umlaufsgeschwindigkeit niederschlagen, beziehungsweise bei der Schätzung einer kurzgeschlossenen Relation zwischen Bruttosozialprodukt und Geldbasis in dem gemessenen Produkt aus Umlaufsgeschwindigkeit und Geldangebotsmultiplikator. Die von Andersen-Jordan geschätzten Regressionskoeffizienten dieser kurzgeschlossenen Relationen liegen in einer solchen Größenordnung, daß vermutet werden darf, daß der ge-

---

[10] Um die Tabelle 1 übersichtlich zu halten, ist darauf verzichtet worden, die *t*-Werte der Almon-Koeffizienten aller hier behandelten Regressionsrechnungen aufzulisten.

[11] Da die Almon-Koeffizienten in der Tabelle 1 nicht aufgeführt sind, muß für detaillierte Angaben über deren Verlauf auf die Andersen-Jordan-Studie (Andersen, L. und Jordan, J., a.a.O.) verwiesen werden.

messene Regressionskoeffizient der Geldmengenvariable ziemlich genau der Umlaufsgeschwindigkeit, der Regressionskoeffizient der Geldbasisvariable dem Produkt aus Umlaufsgeschwindigkeit und Geldangebotsmultiplikator entspricht[12]; dies gilt jedenfalls dann, wenn auf Jahresbasis gerechnet wird, der Interpolationszeitraum von Andersen-Jordan beträgt ja ein Jahr. Ist dem aber so, dann haben sich fiskalpolitische Einflüsse in den Regressionskoeffizienten der geldpolitischen Variablen niedergeschlagen, diese Koeffizienten sind nach oben verzerrt, und es kann dann nicht verwundern, daß die Regressionskoeffizienten der Fiskalindikatoren klein und zumeist nicht signifikant sind[13].

Welcher statistische Artifakt verantwortlich ist, hat sich wohl in der Diskussion, die sich an die Andersen-Jordan-Studie anschloß, geklärt. Offensichtlich sind die von Andersen-Jordan verwendeten geldpolitischen Indikatoren eben doch nicht exogen; exogen hier im statistischen Sinne, das heißt frei von Rückwirkungen seitens der endogenen Variable. Ist aber die Voraussetzung der Exogenität nicht erfüllt, dann kann nicht zweifelsfrei identifiziert werden was nun Andersen-Jordan geschätzt haben — den Einfluß der geldpolitischen Indikatoren auf das Bruttosozialprodukt oder den Einfluß des Bruttosozialprodukts auf die geldpolitischen Indikatoren (Geldmenge, Geldbasis). Das leidige Problem, die Richtung der involvierten Kausalkette zu identifizieren, ist auch durch die Andersen-Jordan-Arbeit nicht aus der Welt geschafft worden.

---

12 Es gilt $Y = vM$ und $M = mB$ und damit $Y = vmB$ (Y = nominales Bruttosozialprodukt; v = Umlaufsgeschwindigkeit; M = Geldmenge; m = Geldangebotsmultiplikator; B = Geldbasis). Wird ein Regressionsansatz der Form $Y = \alpha_0 + \alpha_1 B$ geschätzt, so entspricht α_1 dem (marginalen) Wert des Produkts aus v und m.

13 Diese Vermutung läßt sich durch die Rechnungen von Davis (Davis, How Much Does Money Matter? ..., S. 123 ff.) stützen. Davis hat die St. Louis-Gleichung ohne Einbeziehung der Fiskalindikatoren geschätzt; die Regressionskoeffizienten der geldpolitischen Indikatoren liegen dabei in der gleichen Größenordnung wie bei Andersen-Jordan. Der angesprochene Sachverhalt kann statistisch erklärt werden. Der Regressionskoeffizient einer erklärenden Variablen ist um so größer, je größer die Kovarianz der erklärenden mit der erklärten Variablen und je kleiner die Varianz der erklärenden Variablen ist. Angenommen, Bewegungen der Geldmenge sind nicht frei von Rückwirkungen seitens der *GNP*-Variablen, die Beeinflussung kann wechselseitig sein. Dann ist ein deutlicher Gleichlauf zwischen Geldmenge und *GNP* zu verzeichnen, entsprechend hoch ist die Kovarianz der beiden Variablen und damit der Regressionskoeffizient der Geldmengenvariablen. Eine hohe Kovarianz ergibt sich auch dann, wenn die „wahre" Kausalkette ausschließlich vom *GNP* zur Geldmenge verläuft. Wenn die Fiskalpolitik antizyklisch eingesetzt wird und mit gewisser zeitlicher Verzögerung wirkt, dann ist die Kovarianz der *GNP*-Variablen mit dem Fiskalindikator gering, dessen Regressionskoeffizient ist dann entsprechend klein. Es kann also durchaus sein, daß das *GNP* unter der Dominanz der Fiskalpolitik steht und daß die Geldmenge nur *GNP*-Bewegungen reflektiert und trotzdem in einer Schätzung der reduzierten Form die Geldmenge den größeren Einfluß als die Fiskalpolitik zugeschrieben bekommt.

Hieran hat die Kritik angesetzt. In einem Kommentar begründen de Leeuw und Kalchbrenner[14] ihre Zweifel an der Exogenität der von Andersen-Jordan verwendeten Indikatoren. Die Steuereinnahmen zum Beispiel sind zwar exogen im Politik-Sinne, das heißt, sie werden zweifelsfrei von den fiskalpolitischen Instanzen beherrscht, sie sind es aber nicht im statistischen Sinne, da sie auch vom Preisniveau abhängen. Die Steuereinnahmen fließen in Perioden kräftig steigender Preise stärker als in Perioden relativer Preisstabilität. Damit sind also deutliche Rückwirkungen des nominalen GNP auf die Steuereinnahmen zu verzeichnen. De Leeuw und Kalchbrenner schlagen deshalb vor, eine preisbereinigte Reihe der Steuereinnahmen als Fiskalindaktor zu verwenden. Auch die Geldbasis ist nach Ansicht der beiden Kritiker ein schlechter Indikator, da auch sie nicht frei von Rückwirkungen seitens der allgemeinen ökonomischen Aktivität sei. Der Bargeldumlauf reagiere deutlich auf Bewegungen des Einkommens, müsse also aus dem geldpolitischen Indikator eliminiert werden. Dasselbe gelte für jenen Teil des Basisgeldbestandes, welchen sich die Banken auf dem Wege der Refinanzierung beschafft haben (borrowed reserves). Die Refinanzierung reagiere auf Änderungen in der Kreditgewährung der Banken an Nichtbanken, die ihrerseits vom Niveau der ökonomischen Aktivität beeinflußt sei. Deshalb müsse die Geldbasis auch um den Betrag der Refinanzierung gekürzt werden. Wenn auch der letztere Punkt nicht überzeugend belegt wird, so ist doch de Leeuw und Kalchbrenner recht zu geben, daß ein durchformuliertes Strukturmodell den Bargeldumlauf und die Refinanzierung der Banken endogenisieren würde, das heißt Gleichungen enthalten müßte, welche die Höhe der genannten Variablen erklärten[15].

De Leeuw und Kalchbrenner schätzen nun die St. Louis-Gleichung mit den korrigierten Indikatoren und kommen zu einem völlig anderen Ergebnis als Andersen-Jordan (siehe Tabelle 1). Der Multiplikator der geldpolitischen Variablen verringert sich im Vergleich zur Andersen-Jordan-Rechnung, die Summe der Almon-Koeffizienten ist nicht mehr signifikant, überdies haben die Almon-Koeffizienten des monetären Indikators in den Anfangsperioden das falsche Vorzeichen. Die Multiplikatoren der Fiskalindikatoren sind größer als bei Andersen-Jordan, sie haben das theoretisch zu erwartende Vorzeichen, die t-Werte der Summenkoeffizienten sind zufriedenstellend. Außerdem zeigt die Verteilung der Almon-Koeffizienten der Fiskalindikatoren ein Profil, das auf eine relativ schnelle Wirkung fiskalpolitischer Maßnahmen hinweist.

---

[14] De Leeuw, F. und Kalchbrenner, J., Monetary and Fiscal Actions: A Test of Their Relative Importance in Economic Stabilization — Comment, in: Federal Reserve Bank of St. Louis Review, April 1969, S. 6 ff.

[15] Vgl. Gramlich, The Usefulness ..., S. 512.

In einer Antwort auf den Kommentar von de Leeuw-Kalchbrenner zeigen Andersen-Jordan[16] mit einer einfachen Regression zwischen geliehenen und „eigenen" Bankreserven, daß es zwischen diesen beiden Größen regelmäßig zu Ausgleichsbewegungen gekommen sei. Die Refinanzierung trage also kein endogenes Element in die geldpolitische Variable. Andersen-Jordan sind allenfalls bereit, den Bargeldumlauf aus der Geldbasis zu eliminieren, also mit den Bankreserven als geldpolitischem Indikator zu rechnen: „Total reserves also are relevant in many theories in monetary economics and, therefore, are a potential summary measure of monetary actions[17]." Zwingend scheint diese Begründung aber nicht zu sein. Wird die Schätzung mit den gesamten Bankreserven als geldpolitischem Indikator durchgeführt, zeigen sich wieder die ursprünglichen Andersen-Jordan-Ergebnisse.

Im übrigen pochen Andersen-Jordan nochmals darauf, daß die Geldbasis der am besten geeignete monetäre Indikator sei. Es werden jedoch keinerlei Anhaltspunkte gegeben, ob noch andere Gründe für die von den Monetaristen präferierte Definition sprechen, als nur das Anliegen, nun mal eine „gute" Geldangebotshypothese und keine „schlechte" zu konstruieren. Dieses Vorgehen wäre legitim, wenn nachgewiesen wäre, daß die Geldmenge in der Tat den behauptet dominanten Einfluß auf das Bruttosozialprodukt hätte. Aber auch Andersen-Jordan müssen das, was Ergebnis des Beweises sein sollte, bereits als Prämisse in die Beweisführung eingehen lassen. You can never convince anybody else you are right. Und anders ist die Plausibilität von Schätzungen der reduzierten Form, so scheint es, nicht zu vermitteln.

Es seien noch kurz einige andere Experimente mit der St. Louis-Gleichung erwähnt. Im Gegensatz zu de Leeuw-Kalchbrenner nimmt Silber[18] keine Änderungen an den stabilisierungspolitischen Indikatoren vor, er rechnet also mit den St. Louis-Variablen, kommt aber dennoch zu anderen Ergebnissen als Andersen-Jordan. Zunächst verlängert Silber den Zeitraum, über den die exogenen Variablen zeitverzögert sind, um weitere 4 Quartale. Das Bestimmtheitsmaß wird dadurch im Vergleich zu dem von Andersen-Jordan berechneten deutlich größer. Interessanterweise zeigt sich, daß die Almon-Koeffizienten der Geldbasisvariablen in den letzten 4 Lag-Perioden ein negatives Vorzeichen haben, das bedeutet, daß in diesen Perioden eine Rückanpassung des GNP auf

---

16 Andersen, L. und Jordan, J., Monetary and Fiscal Actions: A Test of Their Relative Importance in Economic Stabilization — Reply, in: Federal Reserve Bank of St. Louis Review, April 1969, S. 12 ff.

17 Andersen, L. und Jordan, J., Reply . . ., S. 15.

18 Silber, W., The St. Louis Equation: „Democratic" and „Republican" Versions and Other Experiments, in: Review of Economics and Statistics, Bd. 53 (1971), S. 362 ff.

Änderungen der Geldbasis stattfindet. Der Multiplikator der Geldbasis wird dadurch deutlich geringer, die Elastizität des nominalen GNP in bezug auf den geldpolitischen Indikator liegt damit nur noch knapp über 1 (im Verglich zu rund 1,7 bei Andersen-Jordan). Die Multiplikatoren der Fiskalindikatoren sind allerdings weiterhin gering und nicht signifikant.

Silber teilt des weiteren den gesamten Beobachtungszeitraum in zwei Unterperioden auf (1953^{I} bis 1960^{IV} und 1961^{I} bis 1969^{I}). Er begründet dies damit, daß die Fiskalpolitik erst in der zweiten Teilperiode, unter der Kennedy-Johnson-Administration, antizyklisch als Instrument der Konjunkturstabilisierung eingesetzt worden ist. Dies war in der ersten Teilperiode, während der Eisenhower-Administration, nicht der Fall.

Es zeigt sich nun, daß sich die Rechenergebnisse in den beiden Teilperioden unterscheiden. In der Eisenhower-Periode haben die Fiskalindikatoren das falsche Vorzeichen. Aber erstaunlicherweise ist auch der Multiplikator der geldpolitischen Variable nur noch halb so groß, wie bei der Rechnung über den gesamten Zeitraum. In den 50er Jahren hätte demnach die Geldpolitik nur einen schwachen Einfluß gehabt.

Das Bild ändert sich wieder bei der Rechnung über die zweite Teilperiode, also für die „Kennedy-Johnson-Economics" des antizyklischen Einsatzes der Fiskalpolitik. Die Multiplikatoren der Fiskalindikatoren sind wesentlich größer als in der Andersen-Jordan-Rechnung, statistisch gesichert und haben das korrektive Vorzeichen (siehe Tabelle 1). Auch der Multiplikator des geldpolitischen Indikators ist deutlich größer als in der ersten Teilperiode. Dies belegt also — im Gegensatz zu den Andersen-Jordan-Ergebnissen —, daß eine antizyklische Fiskalpolitik sehr wohl die Höhe des nominalen GNP zu beeinflussen vermag. Silber zeigt auch, woran es liegt, daß Andersen-Jordan nur sehr geringe und nicht signifikante Fiskalmultiplikatoren errechnet haben. Silber schätzt dieselbe Gleichung für die zweite Teilperiode nochmals, nun mit dem Unterschied, daß die Geldbasisvariable nur mit bis zu drei Perioden zeitverzögerten Werten eingeht, wie bei Andersen-Jordan. In dieser Rechnung sind die Fiskalindikatoren wieder klein und statistisch nicht signifikant. Mit anderen Worten: Die Effizienz der Fiskalpolitik kommt in Schätzungen vom Andersen-Jordan-Typ erst dann zum Ausdruck, wenn die Rückanpassung des GNP auf Änderungen der Geldbasisvariablen, welche nach einem Jahr einsetzt, explizit in die Rechnung aufgenommen wird[19].

Auch Davis hat einen Bruch in der Anpassungsqualität der St. Louis-Gleichung zu Beginn der 60er Jahre festgestellt[20]. Davis rechnet aller-

---

19 Silber, S. 364.

20 Davis, How Much Does Money Matter? ..., S. 123 ff.

dings nur mit den geldpolitischen Indikatoren als exogene Variable und läßt die Fiskalindikatoren außer acht. Eine Regression von Änderungen des nominalen GNP mit Änderungen der Geldmenge M_1 und derselben Lag-Länge wie Andersen-Jordan ergibt für die Periode 1952 - 1960 ein Bestimmtheitsmaß von lediglich 0,18 (Tabelle 1). Dies veranlaßt Davis in seinem ansonsten sehr wohlwollenden Kommentar zur Andersen-Jordan-Studie zu der Bemerkung „Given an R^2 as low as prevailed in the 1952 - 60 period, it may be doubted that they (Andersen-Jordan, d. V.) would have felt it worthwhile to pursue the matter further[21]."

Eine weitere Schwäche der Schätzungen der reduzierten Form vom Andersen-Jordan-Typ hat Gramlich[22] herausgearbeitet. Schätzungen der reduzierten Form verwenden als exogene Variable oftmals Aggregate, die sich aus sehr heterogenen Teilen zusammensetzen, welche unterschiedliche Wirkungen auf die endogene Variable haben. Zum Beispiel enthält die Staatsausgabenvariable der Andersen-Jordan-Schätzung Ausgaben für Güter und Dienste, für Transferzahlungen, für Zinszahlungen und für Subventionen, ebenso heterogen ist die Staatseinnahmenvariable zusammengesetzt. In ökonometrischen Modellen können strukturelle Informationen über die Determination der Einzelkomponenten eingebaut werden. Hierauf verzichten aber Schätzungen der reduzierten Form bewußt. Es kann dann häufig der Fall eintreten, daß die Koeffizienten von Variablen, welche derart heterogen sind, verschätzt werden[23]. Mehr noch, es gibt keine Garantie, daß Schätzungen der reduzierten Form nicht irgendwo Inkonsistenzen im implizierten Strukturmodell verstecken. „Since reduced form estimation often gives no internally consistent description of what is happening, we can be left with no guidance as to which of the descriptions to believe[24]."

In einer detaillierten Untersuchung entdeckt Gramlich eine ganze Reihe von Inkonsistenzen in den unterstellten Strukturparametern der Andersen-Jordan-Schätzung der reduzierten Form. Gramlich untersucht systematisch einen ganzen Satz von Schätzungen der reduzierten Form. Endogene Variable sind das nominale GNP, das reale GNP, die Rendite von „corporate bonds", Konsumausgaben, Investitionsausgaben, Lagerhaltung und weitere Variable. Die exogenen Variablen sind in allen Schätzungen gleich. Als geldpolitischen Indikator verwendet Gramlich alternativ die Geldbasis, die freien Reserven („free reserves", das sind die Bankreserven abzüglich Mindestreserven und Refinanzie-

[21] Davis, S. 124.

[22] Gramlich, The Usefulness ...

[23] Gramlich, S. 514.

[24] Gramlich.

rungsobligo der Banken) und die eigenen Reserven (Geldbasis abzüglich Bargeldumlauf und Refinanzierungsobligo). Die wichtigste Modifikation der Fiskalindikatoren, welche Gramlich vornimmt, ist die, daß nicht nach Einnahmen und Ausgaben des Staates unterschieden wird, sondern nach solchen Positionen, welche

a) direkt auf die Endnachfrage einwirken, die also den Multiplikator $1/(1 - c)$ aufweisen (c ist die marginale Konsumneigung), und solchen, die
b) auf dem Umweg über den privaten Konsum die Endnachfrage beeinflussen, die also einen Multiplikator von $c/(1 - c)$ aufweisen[25].

Zu der unter a) aufgeführten Gruppe gehören zum Beispiel die Staatsausgaben für Güter und Dienste. Zur Gruppe b) gehören die direkten Steuern und die Sozialversicherungsbeiträge — Gramlich verwendet diese Größen in einer um den Effekt von Konjunkturschwankungen und von Preiseinflüssen korrigierten Form, wie de Leeuw-Kalchbrenner —, und außerdem als Abzugsposten die Transferzahlungen und Zinszahlungen des Staates.

Eine Regression mit dem nominalen GNP als endogener Variable bestätigt die Ergebnisse von de Leeuw-Kalchbrenner: Die Verwendung der Geldbasis als geldpolitischem Indikator nimmt den Fiskalindikatoren ihren Erklärungswert. Wird hingegen mit den freien Reserven oder den eigenen Reserven der Banken gerechnet, sind die Multiplikatoren der Fiskalindikatoren größer, statistisch signifikant und haben auch das theoretisch zu erwartende Vorzeichen. Der Einfluß der freien Reserven auf das nominale GNP ist statistisch nicht gesichert (Tabelle 1). Wieder wird also die Vermutung gestützt, daß die Regressionskoeffizienten der Andersen-Jordan-Schätzung verzerrt sind.

Interessanter sind freilich die Inkonsistenzen der Schätzungen der reduzierten Form, denen Gramlich auf die Spur gekommen ist. Einige davon seien hier aufgezählt. Eine Regression mit dem nominalen GNP als endogener Variable, der Geldbasis als geldpolitischem Indikator und den erwähnten fiskalpolitischen Ausgaben- beziehungsweise Einnahmenindikatoren liefert einen „Staatsausgabenmultiplikator" von 0,55 und einen „Steuereinnahmenmultiplikator" von — 2,15. Es muß überraschen, daß der Staatsausgabenmultiplikator um so vieles kleiner ist als der Steuereinnahmenmultiplikator. Da eine Erhöhung der Staatsausgaben um einen bestimmten Betrag das GNP um denselben Betrag erhöht, zeigt ein „Multiplikator" von weniger als 1 an, daß irgendeine endogene Ausgabenkomponente kräftig abnimmt, wenn der Staat seine Ausgaben erhöht. Offensichtlich scheinen erhöhte Staatsausgaben nur

---

[25] Gramlich, S. 516.

den Effekt zu haben, daß sie Ausgaben der Privaten verdrängen (crowding-out-Effekt). Im Widerspruch dazu steht aber der hohe Multiplikator der Steuereinnahmen. Es ist — so Gramlich — unerklärlich, warum „crowding out"-Effekte nur bei den Staatsausgaben, nicht aber bei den Staatseinnahmen auftreten sollen[26]. Würde eine Erhöhung der Staatsausgaben die private Nachfrage nach Gütern und Diensten verdrängen, wie es der Multiplikator anzeigt, dann müßte auf jeden Fall die Nachfrage nach Finanzaktiva steigen, also deren Rendite sinken. Im Widerspruch dazu steht aber, daß eine Schätzung der reduzierten Form mit der Rendite der Finanzaktiva als endogener Variable nur eine ganz schwache Reaktion des Zinssatzes auf Änderungen der Staatsausgaben zeigt, der Einfluß ist überdies statistisch nicht gesichert.

Des weiteren ist die in der reduzierten Form involvierte Investitionsfunktion nicht konsistent. Die Schätzungen der reduzierten Form für die Ausrüstungsinvestitionen und die Lagerhaltung, die Gramlich vornimmt, ergeben für die Geldbasis einen Regressionskoeffizienten mit positivem Vorzeichen, für die Staatsausgaben- und Staatseinnahmenindikatoren jedoch Regressionskoeffizienten mit jeweils negativem Vorzeichen. Hiermit ist weder eine monetäre Erklärung des Investitionsverhaltens verträglich, noch eine Erklärung nach dem Akzelerationsprinzip. Die monetäre Erklärung behauptet, daß die Höhe der Investitionsausgaben im wesentlichen von der Geldpolitik determiniert wird, fiskalpolitische Maßnahmen hingegen werden nur die Allokation der Produktionsmittel zwischen öffentlichem und privatem Sektor berühren. Diese Version ist zwar verträglich mit dem errechneten Vorzeichen (positiv) des geldpolitischen Indikators und dem Vorzeichen (negativ) des Staatsausgabenindikators, im Widerspruch dazu steht aber das negative Vorzeichen der Einnahmenvariablen. Eine Erklärung der Investitionsausgaben mit dem Akzelerationsprinzip ist zwar konsistent mit dem positiven Vorzeichen der geldpolitischen Variablen und dem negativen Vorzeichen der Steuereinnahmenvariablen (Steuererhöhungen reduzieren den privaten Verbrauch), diesesmal steht aber im Widerspruch dazu das negative Vorzeichen der Staatsausgabenvariablen, denn eine Erhöhung der autonomen Ausgaben müßte nach dem Akzelerationsprinzip die Investitionstätigkeit anregen.

Ähnliche Widersprüche, allerdings in geringerer Anzahl, zeigen sich auch in jenen Schätzungen der reduzierten Form, in denen die freien Reserven beziehungsweise die eigenen Reserven der Banken den geldpolitischen Indikator repräsentieren[27].

---

[26] Gramlich, S. 519.

[27] Gramlich, S. 520 ff.

Die Kritik, die sich an die Arbeit von Andersen-Jordan anschloß, hat wohl zweierlei gezeigt. Erstens: Die Geldpolitik vermag einen wichtigen Beitrag zur Stabilisierungspolitik zu leisten, aber auch die Fiskalpolitik hat Einfluß auf die Höhe der Gesamtnachfrage. Die Behauptung „Money is all that matters" ist zurückzuweisen. Zweitens: Schätzungen der reduzierten Form vermögen allererste Informationen über vermutete Zusammenhänge zu liefern, will man aber Spezifikationsirrtümer und Inkonsistenzen vermeiden, dann führt kein Weg an ausformulierten Strukturbeziehungen vorbei. Ein empirisch getestetes, monetaristisches Strukturmodell steht aber noch aus.

Nach diesen Beispielen für Mehrdeutigkeiten in empirischen Arbeiten der Monetaristen seien nun unsere eigenen Berechnungen vorgelegt. Es handelt sich um Varianten von Schätzungen der reduzierten Form, die den Wirtschaftsablauf beherrschen sollen, nämlich die Relation zwischen Geldmenge und allgemeiner ökonomischer Aktivität sowie zwischen Geldbasis und Geldmenge. Die Fragestellung ist allerdings eine andere, als die der Andersen-Jordan-Diskussion. Es geht hier nicht darum, Inkonsistenzen aufzudecken, noch Verzerrungen, welche dadurch entstehen, daß als exogen eingeführte Variable doch nicht im statistischen Sinne oder im Politik-Sinne exogen sind. Zwei andere Aspekte werden im Vordergrund stehen. Erstens soll gezeigt werden, wie empfindlich die Ergebnisse der empirischen Tests monetaristischer Hypothesen gegenüber unterschiedlichen Aufbereitungsarten des Zahlenmaterials reagieren. Dies soll darauf hinweisen, wie vorsichtig mit dem Gebrauch der Qualifikation „empirisch bestätigt" umgegangen werden sollte. Zweitens soll belegt werden, daß der Einfluß des Nichtbankenverhaltens auf die Geldmenge größer ist, als die bisher vorgelegten Arbeiten ausweisen. Damit wird generell in Frage gestellt, ob überhaupt ein exogen determiniertes Geldangebot statuiert werden kann.

B. Das verwendete Zahlenmaterial

Als Maßstab der allgemeinen ökonomischen Aktivität dient das nominale Bruttosozialprodukt. Quelle für die Vierteljahreswerte sind die Veröffentlichungen des Deutschen Instituts für Wirtschaftsforschung. Für die Schätzung des Zusammenhangs zwischen Geldmenge und nominalem Bruttosozialprodukt wurde die Geldmenge in der Abgrenzung M_1 der Bundesbank (Bargeldumlauf plus Sichtdepositen von Nichtbanken ohne Zentralbankeinlagen der öffentlichen Hand) verwendet. Die Quartalswerte wurden als Durchschnitte aus den von der Bundesbank publizierten Monatswerten der Geldmenge errechnet.

Für die Schätzung des Einflusses der Geldbasis sowie des Termindepositenquotienten und des Spardepositenquotienten auf die Geldmenge M_1 wurde Zahlenmaterial verwendet, das freundlicherweise von Professor Willms, Universität Kiel, zur Verfügung gestellt wurde. Die von Professor Willms verwendete Geldmenge M_1 unterscheidet sich von der Bundesbankreihe M_1 dadurch, daß in ihr die Sichtdepositen öffentlicher Stellen bei Kreditinstituten nicht enthalten sind. Diese Reihe wurde den Schätzungen des Einflusses der Geldbasis sowie des Nichtbankenverhaltens auf die Geldmenge zugrunde gelegt, um die Konsistenz des Zahlenmaterials zu wahren. Die Geldbasis ist um den Effekt von Mindestreservesatzänderungen korrigiert, die Berechnung der Reservekomponente beginnt in der von Professor Willms zur Verfügung gestellten Reihe mit dem Februar 1949.

Die Saisonbereinigung wurde mit dem Censusverfahren II, Version X-11, multiplikative Variante, durchgeführt. Das Verfahren ist beschrieben in: The X-11 Variant of the Census Method II, Technical Paper Nr. 15, US Department of Commerce, Bureau of the Census, Washington 1965.

Die Regressionsschätzungen wurden auf der Rechenanlage CDC 3300 des Rechenzentrums der Universität Tübingen durchgeführt. Der Verfasser ist Herr Rolf Wiegert, Universität Tübingen, für dessen wertvolle Hilfe bei der Durchführung der Rechenarbeiten sehr zu Dank verpflichtet.

C. Geldmenge und ökonomische Aktivität in der Bundesrepublik Deutschland 1960 - 1971

1. Geldmenge und Bruttosozialprodukt im Zyklus und im Trend

In letzter Zeit wächst die Anzahl solcher Äußerungen, welche einen engen Zusammenhang zwischen Geldmenge und allgemeiner ökonomischer Aktivität behaupten. Insbesondere überzeugte Vertreter des Monetarismus statuieren immer wieder dasjenige Problem, welches ihre Arbeiten legitimiert: „They (die Vertreter der modernen Quantitätstheorie, d. V.) are able to show that variations in the trade cycle go always hand in hand with pro-cyclical changes in the growth rates of the volume of money[28]" — so Siebke und Willms. Dieselben Autoren sprechen an anderer Stelle von der „Existenz von parallel verlaufenden zyklischen Veränderungen in der Geldmenge und den realwirtschaftlichen Größen"[29], oder meinen — ebenfalls mit Bezug auf die

[28] Siebke, J. und Willms, M., Monetary Policy and the Trade Cycle, in: Intereconomics, Nr. 3, 1970, S. 77.

[29] Siebke, J. und Willms, M., Das Geldangebot in der Bundesrepublik Deutschland, in: Zeitschrift für die gesamte Staatswissenschaft, 126. Bd. (1970), S. 55.

wirtschaftliche Entwicklung in Westdeutschland —, es „lassen sich für die einzelnen Phasen konjunktureller Expansion und Kontraktion starke prozyklische Veränderungen in den Wachstumsraten der Geldmenge beobachten“[30]. Ähnlich dezidiert ist auch die Aussage, „that the relationship between changes in the total expenditures and changes in the money stock is relatively stable and unambigous“[31]. Freilich werden solche Aussagen gelegentlich dahingehend eingeschränkt, daß von „Unterschieden in den Amplituden und leichten Phasenverschiebungen abgesehen wird“, wenn von „gleichläufigen Schwankungen zwischen den realwirtschaftlichen Größen und der Geldmenge“ die Rede ist[32], oder daß „eine parallele Entwicklung“ im zeitlichen Verlauf der Zuwachsraten von Geldmenge und inländischer Nachfrage nur „unter Annahme eines jeweils unterschiedlichen Lags“[33] zu beobachten sei — eine, wie es scheint, etwas widersprüchliche Aussage. Solche Äußerungen verfehlen ihren Zweck nicht, werden sie an den Anfang von Arbeiten gestellt, welche die dominante Rolle der Geldmenge betonen wollen.

Daß die angeführten Hinweise auf eine Assoziation zwischen Geldmenge und Gesamtnachfrage beim näheren Hinsehen sich keinesfalls als eindrucksvoll erweisen, wird freilich oftmals verschwiegen. Tobin hat gezeigt, daß zyklische Schwankungen der Geldmenge, auch solche, welche der allgemeinen ökonomischen Aktivität mit einem „variablen Lead“ vorausgehen, mit einem ultra-keynesianischen Modell genauso vereinbar sind, wie mit den Friedman'schen Vorstellungen[34]. Zweitens wäre die Existenz prozyklischer Schwankungen der Geldmenge immer noch keine überzeugende Stütze für die Behauptung, die Beobachtungen stammten aus einer quantitätstheoretischen Welt. Wer mit der

---

[30] Siebke und Willms.

[31] Willms, M., An Evaluation of Monetary Indicators in Germany, August 1970 (hektografiert), S. 12. Direkt im Anschluß an den zitierten Satz ist zu lesen: „Substantial changes in nominal income do not occur without substantial changes in the stock of money.“ Zu dieser Aussage kontrastiert freilich ein Rechenergebnis, das im gleichen Papier auf S. 20 vorgeführt wird. Eine Regression zwischen ersten Differenzen des nominalen Bruttosozialprodukts und ersten Differenzen der Geldmenge und zwei Fiskalindikatoren, wobei die exogenen Variablen mit Almon-Lags eingehen, liefert ein Bestimmtheitsmaß von 0,30 (Beobachtungszeitraum 1958/I - 1969/IV). Gesetzt den Fall, die Fiskalindikatoren hätten keinerlei Erklärungswert, dann kann also auch unter Verwendung einer artifiziellen Lag-Technik knapp ein Drittel der Änderungen des nominalen Bruttosozialprodukts mit Änderungen der Geldmenge statistisch erklärt werden.

[32] Siebke und Willms, Das Geldangebot ..., S. 55.

[33] Trapp, P., Geldmenge und wirtschaftliche Aktivität, in: WSI-Mitteilungen, Zeitschrift des Wirtschafts- und Sozialwissenschaftlichen Instituts des Deutschen Gewerkschaftsbundes, 26. Jg., Heft 2, 1973, S. 71.

[34] Tobin, J., Money and Income; Post Hoc Ergo Propter Hoc? in: Quarterly Journal of Economics, No. 2 (1970), S. 301 ff.

Konjunktursymptomatik vertraut ist, kann eine ganze Anzahl von Zeitreihen aufzählen, welche prozyklisch schwanken, darunter auch einige, welche einen sehr viel zuverlässigeren „leading indicator" abgeben als die Geldmenge[35]. Freilich hat sich bislang noch niemand die Mühe gemacht, um solche Zeitreihen den Überbau einer Theorie zu ranken. Drittens kann von der Existenz von prozyklischen Schwankungen der Geldmenge in Westdeutschland gar nicht die Rede sein. Wenn dennoch die geldpolitische Diskussion von der Überzeugung geprägt ist, Schwankungen in der allgemeinen ökonomischen Aktivität und der Geldmenge verliefen auch in Westdeutschland nahezu synchron, so ist dies von den Fakten her nicht zu erklären.

Spätestens seit einer Publikation der Bundesbank vom Juli 1971[36] hätte eigentlich die Behauptung von parallel verlaufenden Veränderungen der allgemeinen ökonomischen Aktivität und der Geldmenge als widerlegt gelten müssen. In einigen Regressionsrechnungen hat die Bundesbank gezeigt, daß ein strammer Zusammenhang zwischen Bruttosozialprodukt — als repräsentative Größe der allgemeinen ökonomischen Aktivität — und Geldmenge nur dann konstatiert werden kann, wenn die Niveaugrößen der beiden Variablen einander gegenübergestellt werden. So ergab die Korrelation mit vierteljährlichen saisonbereinigten Werten ein Bestimmtheitsmaß R^2 von 0,98. Das Bild ändert sich schlagartig, wenn mit Zuwachsraten, also Veränderungen, gerechnet wird. Eine Korrelation zwischen Bruttosozialprodukt und Geldmenge mit prozentualen vierteljährlichen Veränderungen aus saisonbereinigten Daten („laufenden Raten") lieferte in der Rechnung der Bundesbank ein Bestimmtheitsmaß R^2 von nur noch 0,06[37]. Der zugehörige Korrelationskoeffizient ist nicht mehr signifikant von Null verschieden, selbst wenn man sich mit 5 % Irrtumswahrscheinlichkeit begnügt[38].

---

35 Zum Beispiel alle Zeitreihen, welche die Entwicklung der Gesamtnachfrage oder Teile davon indizieren, wie Auftragseingänge in der verarbeitenden Industrie, Auftragseingänge in den Investitionsgüterindustrien, Auftragseingänge im Maschinenbau, aber auch synthetische Reihen, wie zum Beispiel das Verhältnis von Auftragseingang zu Produktionskapazität, das ist der sogenannte „Order-Capacity-Index" (hierbei wird der Quotient aus Kapazitätsauslastung und industrieller Nettoproduktion mit einem Auftragseingangsindex multipliziert).

36 Längerfristige Entwicklung des Geldvolumens, Deutsche Bundesbank, Monatsberichte, Juli 1971, S. 11 ff.

37 Deutsche Bundesbank, Anhang II.

38 Um die Nullhypothese (es besteht keine Korrelation) abzulehnen, müßte bei der der Rechnung der Bundesbank zugrundeliegenden Anzahl von Freiheitsgraden der Korrelationskoeffizient den Wert 0,2973 (bei 5 % Irrtumswahrscheinlichkeit) beziehungsweise 0,3843 (bei 1 % Irrtumswahrscheinlichkeit) erreichen oder überschreiten. Das von der Bundesbank ausgewiesene Bestimmtheitsmaß R^2 von 0,06 entspricht jedoch einem Korrelationskoeffizienten von nur rund 0,25.

Im folgenden soll der von der Bundesbank vorgelegte Sachverhalt durch eigene Berechnungen nochmals bekräftigt werden. Der Test einer einfachen Umlaufsgeschwindigkeitsgleichung wird aufzeigen, worauf sich jene Behauptungen, welche von einem strammen Zusammenhang zwischen Geldmenge und allgemeiner ökonomischer Aktivität sprechen, allenfalls stützen können.

In den Berechnungen dient als Indikator der allgemeinen ökonomischen Aktivität — wie in der Untersuchung der Bundesbank — das nominale Bruttosozialprodukt. Die Geldmenge wird in der Abgrenzung M_1 der Bundesbank verwendet. Die Regression wurde mit vier Aufbereitungsarten des Zahlenmaterials gerechnet, nämlich zuerst mit Niveaugrößen, und zwar den Originalwerten und den saisonbereinigten Werten, danach mit Wachstumsraten, und zwar den laufenden Raten aus saisonbereinigten Daten („current rates") und den Veränderungsraten im Vorjahresvergleich (Zuwachs gegenüber dem entsprechenden Vorjahreszeitraum in vH). Die Ergebnisse sind in der folgenden Tabelle 2 zusammengestellt.

Ein Blick auf Tabelle 2 zeigt, daß die Ergebnisse in etwa mit denen der Bundesbank übereinstimmen. Ein strammer Zusammenhang, gemessen am Bestimmtheitsmaß R^2, zwischen Bruttosozialprodukt und Geldmenge ergibt sich bei einer Korrelation der Niveaugrößen. Der v. Neumann-Koeffizient weist jedoch auf eine starke Autokorrelation der empirischen Residuen hin[39], welche auf den ausgeprägten Trend in den Niveaugrößen zurückzuführen ist. In der Tat beträgt der Korrelationskoeffizient zwischen Bruttosozialprodukt und einer Trendvariablen 0,98 für saisonbereinigte Werte und 0,96 für Originalwerte, derjenige zwi-

---

[39] Der v. Neumann-Koeffizient kann sich im Bereich zwischen 0 und 4 bewegen. Erreicht er exakt den Wert 2, so liegt keine Autokorrelation der Residuen vor. Signifikanzschwellen, bei deren Überschreiten bzw. Unterschreiten die Hypothese einer positiven bzw. negativen Autokorrelation der Residuen abgelehnt werden kann, lassen sich für den v. Neumann-Koeffizient nicht angeben. Als Faustregel kann man angeben, daß ein Wert des v. Neumann-Koeffizienten von kleiner 1 auf eine positive, von größer 3 auf eine negative Autokorrelation deutlich hinweist. Bei einem Regressionsansatz mit Niveaugrößen wird man davon ausgehen können, daß eine positive Autokorrelation auf starke Trends in den Variablen hinweist. Bei einem Regressionsansatz mit Wachstumsraten weist eine starke Autokorrelation im allgemeinen darauf hin, daß die Residuen noch ein zyklisches Element enthalten, daß also mit anderen Worten zyklische Bewegungen in der abhängigen Variablen mit entsprechenden zyklischen Bewegungen in den unabhängigen Variablen nicht erklärt werden können. Liegt eine Autokorrelation vor, so werden zwar unverzerrte Regressionskoeffizienten geschätzt, aber verzerrte Streuungen für die Regressionskoeffizienten. Im allgemeinen werden die Streuungen unterschätzt, so daß eine statistische Sicherheit vorgetäuscht werden kann, die real nicht vorhanden ist. Die Qualität von Regressionsergebnissen, bei denen der v. Neumann-Koeffizient auf eine Autokorrelation hinweist, muß also sehr skeptisch beurteilt werden.

schen Geldmenge und Trendvariable 0,99 für saisonbereinigte Werte und ebenfalls 0,99 für Originalwerte[40]. Der gute Fit zwischen Niveaugrößen von Bruttosozialprodukt und Geldmenge ist also das Produkt eines Zusammenhangs zwischen Trends und nichts weiter.

Tabelle 2

Regressionsansatz Nominales Bruttosozialprodukt — Geldmenge M_1 (t-Werte in Klammern unterhalb der Regressionskoeffizienten), 1960^{I} - 1971^{IV}

Aufbereitungsart des Zahlenmaterials	Absolutglied	M_1	R^2	v. N.	SE
Saisonbereinigt*	−16,84 (6,54)	1,84 (55,33)	0,98	0,24	4,20
Originalwerte	−19,29 (6,50)	1,87 (48,88)	0,98	0,84	4,88
Laufende Raten aus saisonbereinigten Daten*	0,78 (1,41)	0,74 (2,92)	0,15	2,01	1,73
Veränderungen im Vorjahresvergleich	5,55 (4,22)	0,45 (2,85)	0,14	0,52	3,24

* Census X − 11.

Deutlich wird dies, wenn Wachstumsraten der Rechnung zugrundegelegt werden, wenn also der Trend ausgeschaltet ist. Das Bestimmtheitsmaß verringert sich drastisch, wenn mit Wachstumsraten gerechnet wird. Änderungen der Geldmenge erklären statistisch nur noch rund 15 % der Änderungen des Bruttosozialprodukts. Interessant ist, daß die Rechnung mit laufenden Raten einen v. N.-Koeffizienten ergibt, der keine Autokorrelation der Residuen ausweist; dies ist also der einzige Ansatz, welcher eine wichtige Voraussetzung der Kleinst-Quadrate-Schätzung nicht verletzt. Hingegen deutet der v. N.-Koeffizient der Rechnung mit Veränderungensraten im Vorjahresvergleich darauf hin, daß hier die empirischen Residuen noch ein starkes zyklisches Element enthalten. Ein Blick auf das Diagramm der Zuwachsraten von Bruttosozialprodukt und Geldmenge (Abb. 1) bestätigt dies: Zwei der drei Zyklen des Bruttosozialprodukts in dem der Rechnung zugrunde liegenden Zeitraum können durch die Geldmengenzyklen statistisch nicht erklärt werden[41].

[40] Diese Korrelationskoeffizienten sind in der Tab. 2 nicht ausgewiesen.

[41] Eine ausgeprägte Gegenläufigkeit zwischen Änderungen der Geldmenge und Änderungen des nominalen Bruttosozialprodukts ist auch in den Jahren nach 1971 festzustellen; siehe Schaubild 32 im Jahresgutachten 1972/73 des Sachverständigenrates (Gleicher Rang für den Geldwert, Stuttgart und Mainz

Angesichts einer Forschungssituation, welche durch den weitverbreiteten Glauben an einen engen Zusammenhang zwischen allgemeiner ökonomischer Aktivität und Geldmenge geprägt ist, sei nochmals auf den folgenden, an sich trivialen Sachverhalt aufmerksam gemacht: Die Behautpung, daß Konjunkturzyklen in Westdeutschland von starken prozyklischen Veränderungen in den Wachstumsraten der Geldmenge begleitet seien, hat keinerlei Unterstützung durch die Empirie. Vorsichtigere Formulierungen, welche einen engen Zusammenhang zwischen Bruttosozialprodukt und Geldmenge „auf mittlere Sicht"[42] behaupten, können nur auf den Zusammenhang zwischen Trends rekurrieren. In einer wachsenden Wirtschaft weisen jedoch viele Größen einen ausgeprägten Trend auf. Eine gute Korrelation zwischen trendbehafteten Größen kann dann keine überzeugende Bestätigung der unterstellten Hypothese sein.

Es könnte nun eingewandt werden, daß die zeitliche Verzögerung der Wirkung von Geldmengenvariationen sehr lang und überdies von Zyklus zu Zyklus variabel sei („Lag-Hypothese"). Mit einem Test einer Umlaufsgeschwindigkeitsgleichungen sei aber eine verzögerte Wirkung von Geldmengenänderungen nicht einzufangen, denn hier werden Bruttosozialprodukt und Geldmenge immer zum gleichen Zeitpunkt einander gegenübergestellt. Ist die Länge der Wirkunsgverzögerung außerdem variabel, so sei ein Regressionsansatz als Testmethode sehr fragwürdig, da mit ihm allenfalls ein konstanter Wirkungslag gemessen werden könne. Dies wären Einwände, die die Gültigkeit der vorgelegten Berechnungen in Frage stellen könnten.

Gewiß kann die Hypothese von der langen und überdies variablen Wirkungsverzögerung von Geldmengenvariationen mit einiger Überzeugung vertreten werden. Allerdings war es nicht diese Hypothese, die die monetaristischen Arbeiten regiert hat. Vielmehr wurde ständig das Motto von der „Existenz von parallel verlaufenden zyklischen Veränderungen in der Geldmenge und den realwirtschaftlichen Größen" den Arbeiten der Monetaristen vorneangestellt. Da diese Aussage aber allzu offensichtlich mit der Realität kollidiert, besteht die Funktion der Lag-Hypothese darin — so könnte es jedenfalls scheinen —, durch eine Uminterpretation der Fakten eine bestimmte Theorie der Geldwirkungen weiterhin aufrechterhalten zu können.

Die Lag-Hypothese ist noch nicht überzeugend abgesichert. Zwei größere Problemkreise, die im folgenden behandelt werden, sind noch nicht

---

1972) und Schaubild 30 im Jahresgutachten 1973/74 (Mut zur Stabilisierung, Stuttgat und Mainz 1973).

[42] So z. B. der Sachverständigenrat im Mehrheitsvotum zu Fragen der Geld- und Kreditpolitik im Jahresgutachten 1972/73 (Gleicher Rang für den Geldwert, ..., Ziffer 395).

Abb. 1: Zyklen der Geldmenge und des nominalen Bruttosozialprodukts

Veränderung in v. H. gegenüber dem Vorjahr

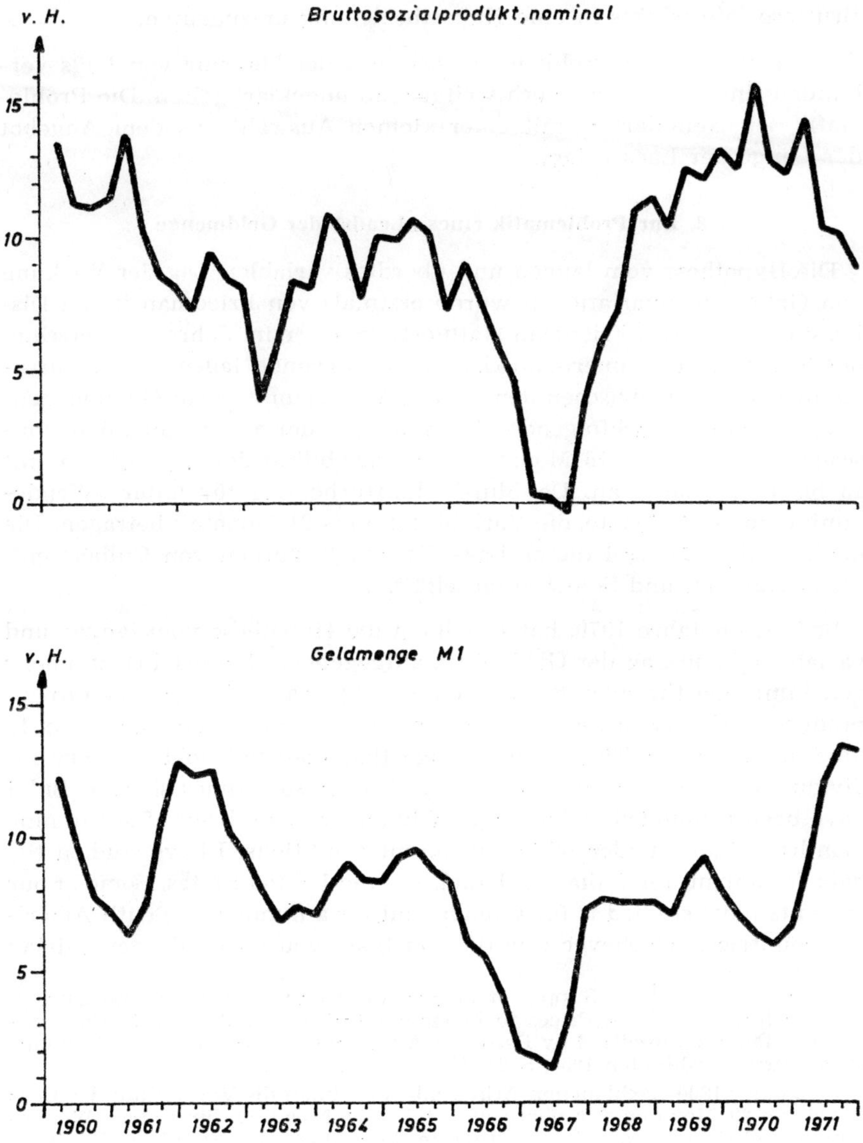

hinreichend abgeklärt, nämlich erstens das Problem, die Länge der Wirkungsverzögerung festzustellen und zweitens das Problem, eine statistische Assoziation zwischen den Zeitreihen der Geldmenge und des Bruttosozialprodukts in eine Kausalbeziehung umzudeuten.

Die methodischen Probleme, welche mit der Messung von Lags verbunden sind, müssen als noch weitgehend ungeklärt gelten. Die Problematik sei exemplarisch mit einer kleinen Auswahl aus dem Angebot der Länge der Lags belegt.

2. Zur Problematik eines „Leads" der Geldmenge

Die Hypothese vom langen und überdies variablen Lag der Wirkung von Geldmengenvariationen wurde erstmals von Friedman in die Diskussion gebracht[43]. Friedman statuierte in einer im Jahre 1958 erschienenen Arbeit, der amerikanische Daten zugrunde lagen, einen durchschnittlichen Lag zwischen den oberen Wendepunkten von Geldmengenvariationen und nachfolgenden Hochpunkten der allgemeinen ökonomischen Aktivität von 16 Monaten, die Variabilität des Lags gab er mit 13 bis 24 Monaten an. Der durchschnittliche Lag für untere Wendepunkte habe 12 Monate, die Variabilität 5 bis 21 Monate[44] betragen. Die methodischen Mängel dieser Lag-„Messung" wurden von Culbertson[45] sowie Kareken und Solow aufgezeigt[46].

Später, im Jahre 1970, hat Friedman die Hypothese vom langen und variablen Time Lag der Geldpolitik aufgegeben. Man erfährt nunmehr von ihm: „On the average, a change in the rate of monetary growth produces a change in the rate of growth of nominal income about six to nine months later. This is an average that does not hold in every individual case. Sometimes the delay is longer, sometimes shorter. But I have been astounded at how regularly an average delay of six to nine months is found under widely different conditions. I have studied the data for Japan, for India, for Israel, for the United States. Some of our students have studied it for Canada and for a number of South American countries. Whichever country you take, you generally get a delay

---

[43] Friedman, M., The Supply of Money and Changes in Price and Output, in: The Relationship of Prices to Economic Stability and Growth, Compendium of Papers Submitted by Panelists Appearing before the Joint Economic Committee, Washington 1958, S. 249 ff.

[44] In einer 1960 erschienenen Arbeit gibt Friedman die Variabilität des Lags mit 6 bis 29 Monaten für obere und 4 bis 22 Monaten für untere Wendepunkte an (Friedman, M., A Program For Monetary Stability, Fordham University Press, New York 1960, S. 87 ff.).

[45] Culbertson, J. M., Friedman on the Lag in Effect of Monetary Policy, in: The Journal of Political Economy, Bd. 68 (1960), S. 617 ff.

[46] Kareken, J. und Solow, R., Lags in Monetary Policy, in: Stabilization Policies, Commission on Money and Credit, Englewood Cliffs 1963, S. 14 ff.

of around six to nine months[47]." Aus dem ursprünglich langen und irregulären Lag wird nun ein vergleichsweise kurzer und stabiler Lag. Zwischen Änderungen der Geldmenge und nachfolgenden Änderungen des Nominaleinkommens vergehen bloß noch 6 bis 9 Monate, und dies gilt generell für eine ganze Reihe von Ländern, das heißt unter sehr verschiedenen Umweltbedingungen.

Dies ist eine unmißverständliche Aussage. Freilich kam sie erst zu einem Zeitpunkt, als allenthalben schon rezipiert worden war, daß der Time Lag der Geldpolitik sehr lange und variabel sei, daß deshalb von diskretionärer Geldpolitik abzuraten sei. Daß der Lag der Geldpolitik, kann denn ein solcher sachlogisch gerechtfertigt werden, kürzer ist, als Friedman ursprünglich angenommen hat, wird auch durch einige andere Arbeiten bestätigt (Tanner[48], Gibson[49]).

Die Hypothese vom langen und variablen Time Lag der Geldmengenvariationen ist auch in Deutschland aufgegriffen worden. In einer Arbeit aus dem Jahre 1968 diskutiert Woll die zentralbankpolitischen Konsequenzen eines Time Lags, wie er vom frühen Friedman unterstellt worden war[50]. Einer neueren Studie von Woll und Koautoren zufolge scheint jedoch der Lag auch in Deutschland kürzer zu sein, Geldmengenvariationen erreichen dieser Arbeit zufolge das Maximum ihrer Wirkungen auf die Gesamtnachfrage bereits nach einem Quartal[51]. Siebke und Willms ermittelten, der Methode Friedman's folgend, einen durchschnittlichen Lag von sechs bis sieben Monaten[52]. Trapp kommt zu dem Ergebnis, daß es etwa vier bis fünf Quartale dauert, bis die monetären Impulse, gemessen an Geldmengenvariationen, auf die Nachfrage wirken[53].

Es liegt nun auch eine Untersuchung von Willms vor, die mit Almon-Lags, also der flexibelsten Lag-Technik, welche zur Zeit bekannt ist, arbeitet[54]. Eine Geldmengenveränderung erreicht, dieser Untersuchung

---

47 Friedman, M., The Counter-Revolution in Monetary Theory. First Wincott Memorial Lecture, Published for The Wincott Foundation by The Institute of Economic Affairs, London 1970, S. 22 f.

48 Tanner, E., Lags in the Effect of Monetary Policy: A Statistical Investigation, in: American Economic Review, Bd. 59 (1969), S. 794 ff.

49 Gibson, W. E., The Lag in the Effect of Monetary Policy on Income and Interest Rates, in: Quarterly Journal of Economics, No. 2 (1970), S. 288 ff.

50 Woll, A., Einige geldpolitische Aspekte in der monetären Theorie der Gegenwart, in: Geldtheorie und Geldpolitik, Festschrift für G. Schmölders, Hrsg.: Andreae, C. u. a., Berlin 1968, S. 70 ff.

51 Möller, W., Vogel, G. und Woll, A., Moderne Quantitäts- versus Liquiditätstheorie: Ein Test konkurrierender Hypothesen, in: Kredit und Kapital, Bd. 5 (1972), S. 156 ff.

52 Siebke und Willms, Monetary Policy and the Trade Cycle ..., S. 79 f.

53 Trapp, Geldmenge und wirtschaftliche Aktivität ..., S. 73.

54 Willms, An Evaluation ...

zufolge, bereits nach einem Quartal knapp die Hälfte ihrer Gesamtwirkung auf das Bruttosozialprodukt. Der Gesamteffekt ist nach vier Quartalen eingetreten. Freilich ist das von Willms errechnete Bestimmtheitsmaß von 0,30 keinesfalls beeindruckend[55].

Die Diskussion um den Lag der Geldmengenpolitik scheint also noch lange nicht beendet zu sein. Die stark divergierenden Ergebnisse für die Länge der Wirkungsverzögerung weisen darauf hin, daß die methodischen Probleme, welche mit der Messung von Lags verbunden sind, noch nicht befriedigend gelöst sind. Solange subjektivem Ermessen noch ein weiter Spielraum geboten ist, müssen die Ergebnisse fragwürdig bleiben. Aber noch ein weiterer Grund spricht dagegen, die Lag-Hypothese als empirisch abgesichert anzusehen. Eine statistische Assoziation zwischen den Zeitreihen der Geldmenge und des Bruttosozialprodukts, wie sie unter Zuhilfenahme einer Lag-Vermutung konstruiert werden kann, ist nicht ohne weiteres in eine Kausalbeziehung umzudeuten.

3. Statistische Assoziation und Kausalbeziehung

Es soll gar nicht bestritten werden, daß Geldmengenänderungen — vorausgesetzt sie haben einen nennenswerten Effekt — mit einer zeitlichen Verzögerung auf die gesamtwirtschaftlichen Ausgaben wirken könnten. Aber: Wird eine Wirkungsverzögerung angenommen, so muß eine Kausalbeziehung, welche von der Geldmenge zur monetären Gesamtnachfrage läuft, unterstellt werden können. Wenn überhaupt irgendwelche Schlüsse aus einem statistischen Vergleich der Zeitreihen der Geldmenge und des nominalen Sozialprodukts gezogen werden dürfen, so muß die Voraussetzung gemacht werden können, daß Einflüsse der Geldnachfrage und des Geldangebots auf die Geldmenge sich separieren lassen; mit anderen Worten, das Geldangebot beziehungsweise die Geldbasis muß exogen determiniert sein. Erst diese Annahme — dies sei nachdrücklich betont — erlaubt es, eine statistische Assoziation in eine Kausalbeziehung umzudeuten[56].

Nun gibt es zweifelsohne einige Fälle, in denen Veränderungen von Geldbasis und Geldmenge endogen determiniert sind, beziehungsweise durch Faktoren bestimmt sind, die nicht dem Einfluß der Zentralbank unterliegen. Zum Beispiel können Devisenzuflüsse in einem System fester Wechselkurse eine Zentralbank dazu zwingen, gegen ihren Willen Zentralbankgeld zu schaffen. Aus dieser Zentralbankgeldschaffung kann sich, allerdings nicht unmitelbar, sondern erst auf dem Umweg

55 Willms hat neben der Geldmenge noch zwei Fiskalindikatoren, ebenso mit Almon-Lag, als exogene Variable eingeführt; siehe auch Fußnote 31.

56 Goodhart, Ch., The Importance of Money, in: Bank of England, Quarterly Bulletin, Bd. 10, Juni 1970, S. 175.

über eine Kreditschöpfung, eine Erhöhung der Geldmenge ergeben. Resultieren die Devisenzuflüsse aus Exportüberschüssen, welche einen expansiven Effekt auf das Volkseinkommen ausüben, so können Nominaleinkommen und Geldmenge steigen, ohne daß auf eine Kausalbeziehung zwischen den beiden Größen geschlossen werden darf. Denn Änderungen des Nominaleinkommens und der Geldmenge werden von einem dritten Faktor bewirkt; in diesem Falle von einer autonomen Ausgabenentscheidung (Ausgabenentscheidung des Auslandes). Diese Konstellation ist westdeutschen Verhältnissen nicht fremd. Ein gleiches gilt für expansiv wirkende Budgetdefizite, welche mit Staatsschuldtiteln abgedeckt werden, die von der Zentralbank übernommen werden, oder für deren Plazierung bei den Kreditinstituten die Zentralbank durch eine Zufuhr an disponiblem Zentralbankgeld sorgt.

Es sind auch Fälle denkbar, in denen die Geldnachfrager sich genau diejenige Kasse selbst beschaffen können, die sie zu halten wünschen[57]. Dies kann zum Beispiel dann eintreten, wenn die Politik der Zentralbank darauf gerichtet ist, starke Ausschläge im Zinsniveau zu verhindern. Fühlen sich die Wirtschaftssubjekte knapp an Kasse — aus welchen Gründen auch immer —, so werden sie versuchen, geldnahe Aktiva in Kasse umzutauschen, also entweder Termin- oder Spareinlagen in Sichtdepositen umzutauschen, oder fungible Wertpapiere zu verkaufen; eine weitere Möglichkeit ist, sich Geldmenge über eine Kreditaufnahme zu beschaffen. All dies sind Transaktionen, welche zinserhöhend wirken, wenn die Zentralbank der Geldnachfrage nicht entgegenkommt. Ein Umtausch von Termin- und Spareinlagen in Sichteinlagen zwingt die Banken zu erhöhter Mindestreservehaltung. Desgleichen werden die frei verfügbaren liquiden Mittel der Kreditinstitute durch eine Kreditgewährung abnehmen. Wollen die Banken zahlungsfähig bleiben, müssen sie versuchen, durch Kreditverteuerung einen Teil der Kreditnachfrage zurückzudrängen. Ein Verkauf von Wertpapieren senkt das Kursniveau am Kapitalmarkt und erhöht damit den Kapitalmarktzins. Will die Zentralbank Zinserhöhungen nicht zulassen, wird sie den Banken die Kreditvergabe erleichtern oder eventuell am offenen Markt selbst einen Teil der von den Nichtbanken angebotenen Papiere erwerben. In diesem Fall hat dann die wirtschaftliche Aktivität die Höhe der Geldmenge bestimmt.

Es kann kein Zweifel daran bestehen, daß die monetäre Politik der Bundesbank in der Vergangenheit zu einem guten Teil auf das Zinsniveau gerichtet war. Die Bundesbank hat zwar versucht, in Phasen der Hochkonjunktur den Boom mit zinserhöhenden Maßnahmen zu dämpfen, sie konnte jedoch gegenüber starken Ausschlägen im Zins-

[57] Vgl. Goodhart, S. 175 f.

niveau nicht gleichmütig sein. In zwei der vergangenen drei Konjunkturzyklen mußte die Bundesbank aufgrund außenwirtschaftlicher Einflüsse ihre Hochzinspolitik frühzeitig abbrechen, und zwar in den Jahren 1960 und 1970. Dies war zweifelsohne mit ein Grund dafür, daß in den nachfolgenden Jahren (1961/62 und 1971/72) eine starke Kreditausweitung und ein Aufbau der Kassenhaltung möglich war[58].

Nun wird die Annahme eines exogenen determinierten Geldangebots zumeist damit gerechtfertigt, daß die Entwicklung der Geldmenge von der Geldbasis beherrscht werde. Die Geldbasis sei aber eindeutig eine exogene Variable, sie sei zentralbankpolitisch kontrollierbar, sofern die Zentralbank bereit ist, die Modalitäten ihrer monetären Politik zu ändern. Ist dem so, dann wären die vorgebrachten Einwände gegen ein exogen determiniertes Geldangebot zwar nicht gänzlich gegenstandslos. Aber änderte die Zentralbank ihre Politik, würde also endogen bestimmten Bewegungen der Geldbasis kompensatorisch entgegenwirken, und bestünde ein strenger Kausalzusammenhang zwischen Geldbasis und Geldmenge ,dann brauchten Erhöhungen der Geldmenge nicht hingenommen zu werden. Dann könnte tatsächlich von einem exogen determinierten Geldangebot gesprochen werden.

Ein entscheidender Test der modernen Quantitätstheorie wird also darin bestehen, die Hypothese eines engen Zusammenhangs zwischen Geldmenge und Geldbasis auf ihren empirischen Gehalt zu prüfen.

D. Geldbasis und Geldmenge in der Bundesrepublik Deutschland 1960 - 1971

1. Dominanz der Geldbasis über die Geldmenge? — Einige Zweifel

Wieviel Vertrauen in den Zusammenhang zwischen Geldmenge und Geldbasis investiert wird, läßt ein Zitat aus einer Arbeit von Meltzer erkennen: „Evidence from past periods suggest that the monetary base is the most important determinant of the money supply and that there is a high degree of association between the base and the money stock. The degree of association and the extent to which money can be controlled by controlling the base varies with the length of the period. Our analysis suggests that even if policy retains its short term focus, month to month changes in money can still be kept within a very narrow range[59].“

---

[58] Damit soll nicht behauptet werden, daß Zinssenkungen die Ursache für die Kredit- und Geldmengenexpansion waren. Eine Erklärung der starken Ausweitung der Geldmenge im Konjunkturabschwungsjahr 1971 findet sich zum Beispiel im Jahresgutachten 1972/73 des Sachverständigenrates (Gleicher Rang für den Geldwert ..., Ziffer 239 f.).

Solch dezidierte Äußerungen liegen in Deutschland nicht vor. Freilich lassen auch die Arbeiten von Siebke und Willms[60] sowie Neumann[61] keinen Zweifel daran, daß die Geldmenge von der Geldbasis beherrscht werde. Im folgenden wird dieser Hypothese nachgegangen werden.

Der Zusammenhang zwischen erweiterter, das heißt um den Effekt von Mindestreservesatzänderungen korrigierter Geldbasis und Geldmenge wird mit einem Regressionsansatz für den Zeitraum 1960 bis 1971 getestet. Die Regression wurde wiederum mit vier Aufbereitungsarten des Zahlenmaterials gerechnet, zuerst mit Niveaugrößen (Originalwerte und saisonbereinigte Werte), danach mit Wachstumsraten (laufende Raten aus saisonbereinigten Daten und Veränderungsraten im Vorjahresvergleich aus den Originalwerten). Die Ergebnisse sind in Tabelle 3 zusammengestellt.

Die Rechenergebnisse zeigen, daß ein strammer Zusammenhang zwischen Geldmenge und Geldbasis nur für die Niveaugrößen festzustellen ist. Auch hier weist jedoch der v. Neumann-Koeffizient eine starke Autokorrelation aus, welche auf den ausgeprägten Trend in den beiden Variablen zurückzuführen ist.

Der Korrelationskoeffizient zwischen der Geldmenge und der Trendvariablen beträgt 0,99 für saisonbereinigte Daten und 0,98 für Originalwerte[62], derjenige zwischen Geldbasis und Trendvariable 0,99 sowohl für saisonbereinigte Werte als auch Originalwerte[63]. Die hohe Korrelation zwischen Niveaugrößen der Geldmenge und der Geldbasis beruht also auf einem Zusammenhang zwischen Trends und auf nichts weiter.

Das Bild ändert sich wieder grundlegend beim Übergang zu Wachstumsraten. Die Rechnung mit Veränderungsraten im Vorjahresvergleich widerlegt die Hypothese eines auch kurzfristig engen Zusammenhangs zwischen Geldbasis und Geldmenge; nur 17 % der Veränderungen der Geldmenge sind aus Veränderungen der Geldbasis statistisch zu erklären. Der niedrige v. Neumann-Koeffizient weist ein zyklisches Element in den empirischen Residuen aus, dies deutet darauf hin, daß die Geldmengenzyklen nicht mit entsprechenden Zyklen der Geldbasis zu erklären sind. Wiederum ist die einzige Schätzung ohne Autokorrelation

59 Meltzer, A., Controlling Money, in: Federal Reserve Bank of St. Louis Review, Mai 1969, S. 18.

60 Siebke und Willms, Das Geldangebot ...

61 Neumann, M. J. M., Bank Liquidity and the Extended Monetary Base as Indicators of German Monetary Policy, Proceedings of the First Konstanzer Seminar, in: Kredit und Kapital, Beiheft 1, Berlin 1972, S. 165 ff.

62 Es sei daran erinnert, daß die in diese Rechnung eingehende M_1-Variable etwas von der Bundesbankreihe M_1 abweicht (vgl. II B.).

63 Diese Korrelationskoeffizienten sind in Tab. 3 nicht ausgewiesen.

in den Residuen diejenige aus den laufenden Raten. Jedoch ist das Bestimmtheitsmaß außerordentlich klein, der zugehörige Korrelationskoeffizient ist bei 1 % Irrtumswahrscheinlichkeit nicht mehr signifikant von Null verschieden.

Tabelle 3

Regressionsansatz Geldmenge[a)] — Geldbasis B^e [b)]
(t-Werte in Klammern unterhalb der Regressionskoeffizienten) 1960/J - 1971/D

Aufbereitungsart des Zahlenmaterials	Absolut-glied	B^e	R^2	v. N.	SE
Saisonbereinigt*	0,11 (0,16)	1,50 (107,87)	0,99	0,47	1,97
Originalwerte	−0,09 (0,13)	1,50 (99,39)	0,99	0,57	2,16
Laufende Raten aus saisonbereinigten Daten*	0,57 (8,09)	0,10 (2,51)	0,04	1,99	0,78
Veränderungen im Vorjahresvergleich	4,66 (6,87)	0,42 (5,49)	0,17	0,28	2,76

* Census X − 11.
a) Abgrenzung M_1, jedoch ohne Sichtdeposition öffentlicher Stellen.
b) Um den Effekt von Mindestreservesatzänderungen korrigiert.

Nun steht dieses Ergebnis nicht nur im Widerspruch zu einigen dezidierten Äußerungen, denen zufolge die Geldmenge auch innerhalb kurzer Fristen unter die Kontrolle der Zentralbank gebracht werden könne, sofern diese sich auf die Steuerung der Geldbasis „konzentriere". Es kontrastiert auch zu Rechenergebnissen anderer Autoren.

Mehrere Fragen sind aufgeworfen. Zunächst ist zu klären, woher der Unterschied unserer eigenen Ergebnisse zu denjenigen anderer Arbeiten rührt. Dann ist nach den Gründen zu fragen, warum im Beobachtungszeitraum Änderungen der Geldmenge nicht mit Änderungen der Geldbasis zu erklären sind. Dieser Sachverhalt kann nur mit dem Einfluß der Nichtbanken auf die Geldmenge gedeutet werden, es ist also zu ermitteln, wie hoch dieser Einfluß zu veranschlagen ist. Sollte sich zeigen, daß Veränderungen der Geldmenge im wesentlichen aus Nichtbankenverhalten zu erklären sind, so ist das Fundament des Monetarismus erschüttert. Ein exogen determiniertes „Geldangebot" kann dann nicht statuiert werden. Dies ist aber die Annahme, mit der die moderne Quantitätstheorie steht und fällt.

2. Vergleich mit Ergebnissen anderer Studien

Am einfachsten ist der Unterschied der hier vorgelegten Ergebnisse zu denjenigen von *Neumann*[64] zu erklären. Neumann erhält bei einer Korrelation von Monatswerten der erweiterten Geldbasis mit der Geldmenge ein Bestimmtheitsmaß von 0,97 für Originalwerte und 0,54 für Veränderungsraten im Vorjahresvergleich. Daß seine Ergebnisse für Veränderungsraten im Vorjahresvergleich günstiger ausfallen als die hier vorgelegten, liegt am Unterschied im Beobachtungszeitraum. Der Berechnung von Neumann liegt der Beobachtungszeitraum von Januar 1963 bis November 1969 zugrunde.

Abbildung 2 zeigt ein Korrelationsdiagramm der Quartalswerte der Veränderungsraten von Geldbasis und Geldmenge im Zeitraum 1960 bis 1971, der unserer Berechnung zugrunde liegt. Beobachtungen sind mit dem zugehörigen Beobachtungszeitpunkt versehen.

Es zeigt sich, daß starke „Ausreißer" in solchen Jahren zu verzeichnen sind, die Neumann in seine Berechnung nicht mit einbezogen hat, beziehungsweise nicht einbeziehen konnte, nämlich 1960 bis 1962 und 1971. Daß Neumann bei der Korrelation von Veränderungsraten ein besseres Ergebnis erzielt hat als wir liegt also daran, daß seiner Berechnung solche Jahre zugrunde lagen, welche relativ günstig für den Monetarismus verlaufen sind[65].

Van den Adel[66] errechnet aus einer Korrelation zwischen den Quartalswerten der Veränderungsraten im Vorjahresvergleich der Geldmenge und der Geldbasis ein Bestimmtheitsmaß von 0,66. Die Güte dieses Ergebnisses abzuschätzen, ist schwierig. Zum einen macht van den Adel keine genauen Angaben über den Zeitraum, der seiner Berechnung zugrunde liegt — mutmaßlich ist es 1959 bis 1970. Überdies erfährt man nichts über die Abgrenzung der Geldmenge und der Geldbasis, es bleibt offen, ob die erweiterte Geldbasis verwendet worden ist oder nicht[67]. Verwicklungen entstehen auch durch die Art der Schät-

---

64 Neumann, insbesondere Tabelle 2 und 3.

65 Man fragt sich allerdings, wie Neumann es legitimieren kann, aus den Beobachtungen eines relativ kurzen Zeitraums — er umfaßt nur 1 1/2 Konjunkturzyklen — sehr weitreichende Schlußfolgerungen zu ziehen (siehe Neumann, insbesondere S. 196 f.).

66 Van den Adel, M., Geldentwertung und monetäre Stabilisierungspolitik, Berlin 1973, S. 135 ff.

67 In den Regressionsgleichungen verwendet Adel das Symbol *B* für die Geldbasis (S. 135 - 139). Auf Seite 63 steht das Symbol *B* für die Summe aus der „source base" und der Reservekomponente, auf Seite 61 hingegen wird das Symbol *B* für die Geldbasis gebraucht, die nicht um den Effekt von Reservesatzänderungen bereinigt ist. Aus der Beschreibung des Zahlenmaterials auf S. 83 ist ebenfalls nichts zu entnehmen, wie die Geldbasis errechnet worden ist.

Abb. 2: Korrelationsdiagramm Geldmenge M1 – Geldbasis B^e

(Veränderungsraten im Vorjahresvergleich)

1960/I – 1971/IV

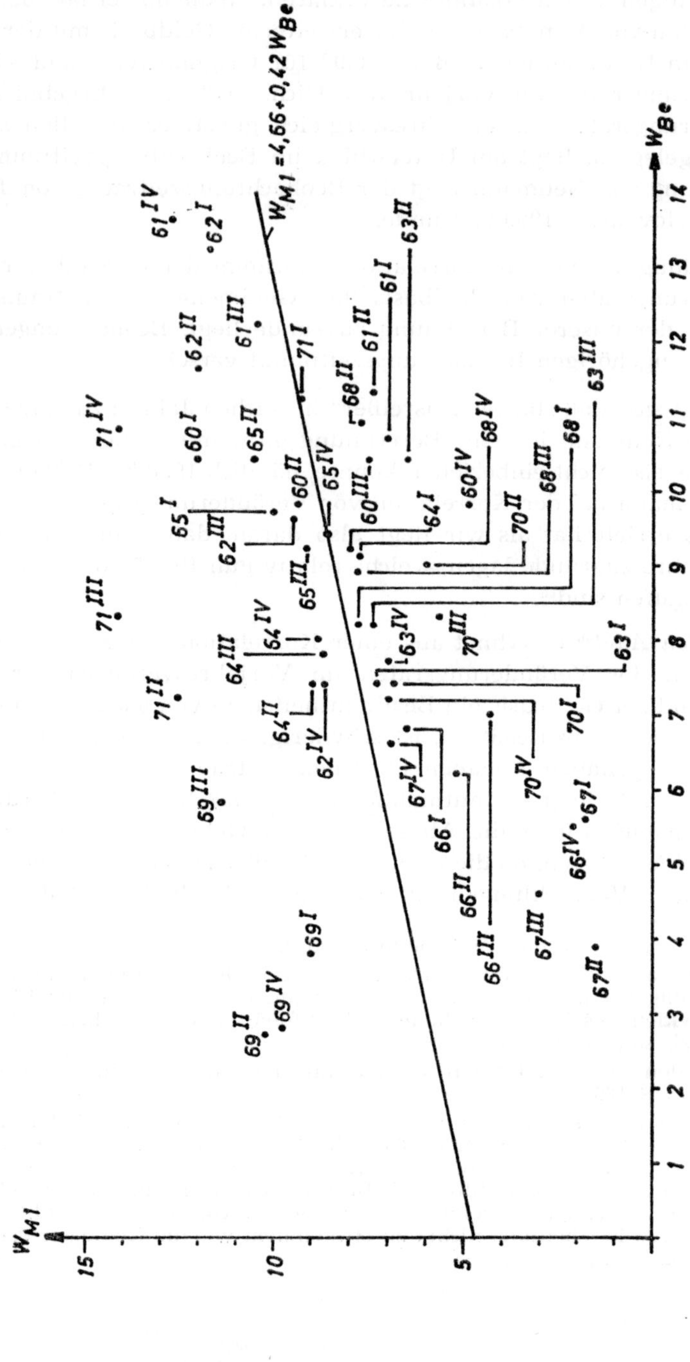

zung. Van den Adel setzt die Regression linear in den Logarithmen an und führt überdies alternativ die um eine Periode verzögerte Geldmengenvariable und die um eine Periode verzögerte Geldbasisvariable als weitere erklärende Variable neben der unverzögerten Geldbasisvariablen ein. Die Annahme einer logarithmischen Schätzung, konstante Elastizität der endogenen bezüglich der exogenen Variablen im gesamten Beobachtungszeitraum, ist für Wachstumsraten sicherlich noch weniger erfüllt, als für Niveaugrößen. Es wird kaum plausibel zu machen sein, daß eine Erhöhung der Wachstumsrate der Geldbasis zum Beispiel von 1 auf 2 % in einem bestimmten Zeitraum dieselbe relative Wirkung auf die Änderungsrate der Geldmenge haben soll, wie eine Erhöhung von beispielsweise 5 auf 10 %. Dadurch, daß van den Adel neben der unverzögerten Geldbasisvariablen noch weitere erklärende Variable in den Regressionsansatz einführt, ist der errechnete Regressionskoeffizient der Geldbasisvariablen keiner Interpretation als Multiplikator mehr zugänglich. Dies alles läßt einige Zweifel an der Zuverlässigkeit der Ergebnisse von van den Adel aufkommen.

Siebke[68] errechnet aus einer Korrelation von Quartalswerten der Zuwachsraten, das heißt Veränderungsraten im Vorjahresvergleich, der Geldmenge und der Geldbasis ein Bestimmtheitsmaß von 0,86, das geschätzte Absolutglied (— 0,049) ist klein und statistisch nicht signifikant. Die Abweichung zu unseren Ergebnissen ist wiederum wohl durch den unterschiedlichen Beobachtungszeitraum zu erklären; Siebke hat seinen Berechnungen die Zeitspanne vom 2. Quartal 1959 bis zum III. Quartal 1969 zugrunde gelegt. Offensichtlich ist das Jahr 1959 besonders günstig, das Jahr 1971 besonders ungünstig für den Monetarismus gewesen. Anders wäre es kaum zu erklären, daß unsere Rechnung ein sehr viel niedrigeres Bestimmtheitsmaß als das von Siebke errechnete und ein hohes, dazuhin statistisch signifikantes Absolutglied liefert.

Willms[69] errechnet aus einer Korrelation der ersten Differenzen der saisonbereinigten Daten von Geldmenge und Geldbasis ein Bestimmtheitsmaß von 0,80. Zugrunde gelegt ist der Zeitraum vom 1. Quartal 1958 bis zum 2. Quartal 1970. Die Differenz zu unseren Ergebnissen ist auf den Unterschied im Beobachtungszeitraum, mutmaßlich aber auch auf den Unterschied in der Aufbereitung des Zahlenmaterials, das heißt auf die Verwendung erster Differenzen und nicht laufender Raten, zurückzuführen[70].

[68] Siebke, J., Der Geldangebotsprozeß in der Bundesrepublik Deutschland, Bonn 1971 (noch unveröffentlicht, zitiert mit freundlicher Genehmigung des Verfassers), S. 202.

[69] Willms, M., Controlling Money in an Open Economy: The German Case, in: Federal Reserve Bank of St. Louis Review, April 1971, S. 22.

[70] Es sei erwähnt, daß sich die Saisonfigur des Geldangebotsmultiplikators in dem von uns verwendeten Saisonbereinigungsverfahren (Census X - 11)

E. Der Einfluß des Nichtbankenverhaltens auf die Geldmenge in der Bundesrepublik Deutschland 1960 - 1971

Unsere Berechnungen haben ergeben, daß der Zusammenhang zwischen Änderungen der Geldmenge und Änderungen der Geldbasis im Beobachtungszeitraum locker war. Das entsprechende Korrelationsdiagramm (Abb. 2) zeigt deutlich, daß es Zeiträume gibt, in denen die Geldbasishypothese die Geldmengenentwicklung relativ gut erklärt und solche, in denen sie die Geldmengenentwicklung schlecht erklärt. Dies weist auf verhältnismäßig starke Bewegungen des Geldangebotsmultiplikators hin. Da der Reservesatz dafür kaum verantwortlich sein kann — er ist ja um den Effekt mindestreservepolitischer Maßnahmen korrigiert, weist also nur noch geringe Bewegungen auf —, muß dies auf den Einfluß des Nichtbankenverhaltens zurückzuführen sein. Die Nichtbanken beeinflussen die Geldmenge direkt, das heißt ohne Umweg über die Geldschöpfung der Banken, wenn sie Termin- und Spareinlagen in Sichteinlagen umtauschen. Solche Vorgänge schlagen sich in Änderungen des Termin- und Spardepositenquotienten nieder.

1. Der zusammengefaßte Termin- und Spardepositenquotient als Determinante der Geldmengenvariationen

Der Test Geldbasis versus Nichtbankenverhalten wurde wieder mit einem Regressionsansatz durchgeführt, erklärende Variable der Geldmenge sind die erweiterte Geldbasis und der zusammengefaßte Termin- und Spardepositenquotient (TSQ). Der Regressionskoeffizient dieses Quotienten muß sich durch ein negatives Vorzeichen ausweisen, eine Umwandlung von Termin- und Spareinlagen in Sichtdepositen verringert den Quotienten und vice versa. Gerechnet wurde mit Originalwerten und Wachstumsraten (Veränderung gegenüber demselben Vorjahreszeitraum in vH). Die Ergebnisse der Berechnungen sind in Tabelle 4 zusammengestellt[71].

---

als statistisch signifikant erwiesen hat. Dies deutet darauf hin, daß die Geldbasis eine andere Saisonfigur aufweist, als die Geldmenge. Mutmaßlich wäre also der Fit bei Willms schlechter ausgefallen, wenn mit ersten Differenzen aus Originalwerten, statt aus saisonbereinigten Werten gerechnet worden wäre.

[71] Zur Interpretation der Regressionskoeffizienten in diesen Ansätzen ist folgendes anzumerken. Regressionsansätze, in denen mit Originalwerten (Niveaugrößen) gerechnet wird und in die neben der Geldbasis weitere erklärende Variable, etwa Allokationsparameter wie Termin- und Spardepositenquotient, eingeführt werden, sind nur mit der linearen Geldangebotshypothese vereinbar. Dabei werden die die Geldmenge determinierenden Größen, nämlich Geldbasis, Allokationsparameter und Reservesatz, in einem linearen Ansatz aneinander gereiht (siehe hierzu Brunner und Meltzer, Some Further Investigations ..., insbesondere S. 240 ff.). Die nicht-lineare Hypothese entspricht dem üblichen Multiplikatoransatz. Ein Regressionsansatz, in dem mit

Wiederum zeigt sich, daß die Geldbasishypothese nur bei der Verwendung von Niveaugrößen eine gute Erklärung für die Geldmenge bildet. Dies ist, wie schon belegt, auf den trendmäßigen Zusammenhang zwischen Geldbasis und Geldmenge zurückzuführen. Ein überaus interessanter Sachverhalt ist an den t-Werten der Regressionskoeffizienten abzulesen. Wird mit Niveaugrößen gerechnet, ist der Einfluß der Geldbasis auf die Geldmenge statistisch hochsignifikant, der Einfluß des Nichtbankenverhaltens ist statistisch nicht gesichert. Genau umgekehrt bei der Rechnung mit Wachstumsraten: Der Einfluß der Geldbasisvariable auf die Geldmenge ist statistisch nicht gesichert, der Einfluß des Nichtbankenverhaltens hingegen ist statistisch hochsignifikant.

Wachstumsraten gerechnet wird und in den neben der Geldbasis auch Allokationsparameter als weitere erklärende Variable eingehen, ist sowohl mit der linearen als auch der nicht-linearen Geldangebotshypothese vereinbar. Zur Interpretation der Regressionskoeffizienten in einer Schätzung mit Wachstumsraten kann die folgende Zerlegung herangezogen werden. Es ist

$$w_M = w_m + w_B$$
$$= \Sigma\, \varepsilon_i\,(m, x_i)\, w_{x_i} + w_B$$

wobei $\varepsilon_i\,(m, x_i)$ die Elastizität des Multiplikators in bezug auf den i-ten Parameter, der in den Multiplikator eingeht, darstellt, und w_{xi} die Wachstumsrate des i-ten Parameters. In der Schätzung mit Zuwachsraten entspricht also der Regressionskoeffizient des zusammengefaßten Termin- und Spardepositenquotient der gemessenen Elastizität des Geldangebotsmultiplikators in bezug auf diesen Quotienten. Daß von den in Tabelle 4 zusammengestellten Regressionsansätzen zwei Ansätze, nämlich die mit Originalwerten gerechneten, nur mit der linearen Geldangebotshypothese vereinbar sind, beeinträchtigt die Argumentation nicht. Denn es geht in diesem Abschnitt darum, die statistischen Erklärungsbeiträge von Geldbasis und Nichtbankenverhalten zur Geldmengenentwicklung abzuschätzen und keine analytisch ermittelten Erklärungsbeiträge. Solche analytischen Erklärungsbeiträge können zum Beispiel aus einer komponentenanalytischen Zerlegung der Wachstumsrate der Geldmenge entsprechend der oben angebenen Formel errechnet werden, wie sie etwa von Siebke und Willms verwendet worden ist (Siebke und Willms, Das Geldangebot ..., S. 57 ff.). Komponentenanalytische Zerlegungen unter Verwendung von Wachstumsraten haben aber eine methodisch bedenkliche Eigenschaft. Exogene Variable, welche mit einem Trend behaftet sind, liefern von vornherein höhere Erklärungsbeiträge zur Entwicklung der endogenen Variablen, als solche exogene Größen, die keinen Trend aufweisen. Denn trendbehaftete Größen haben stets positive Wachstumsraten, während bei trendlosen Größen sich positive und negative Wachstumsraten abwechseln und tendenziell ausgleichen. In dem Ansatz

$$M = \frac{c + 1}{r\,(1 + h + s) + c}\, B$$

ist die Geldbasis die einzige erklärende Variable, welche einen Trend aufweist. Diese Eigenschaft führt dazu, daß in einer komponentenanalytischen Zerlegung mit Wachstumsraten die Geldbasis einen sehr viel höheren Erklärungsbeitrag zur Geldmengenentwicklung liefert, als die Parameter, die in den Multiplikator eingehen. Zusammenhäge zwischen Trends sind aber keine überzeugende Begründung für die Hypothese, daß Änderungen der Geldmenge von Änderungen der Geldbasis dominiert würden.

Tabelle 4

Regressionsansatz Geldmenge[a)] — Geldbasis B^e [b)], zusammengefaßter Termin- und Spardepositenquotient *TSQ* (*t*-Werte in Klammern unterhalb der Regressionskoeffizienten) 1960^I - 1971^IV

Aufbereitungsart des Zahlenmaterials	Absolut-glied	B^e	*TSQ*	R^2	v. N.	SE
Originalwerte	2,18 (0,94)	1,60 (21,81)	−2,17 (1,49)	0,98	1,35	2,43
Veränderungen im Vorjahresvergleich	9,91 (14,47)	0,10 (1,46)	−0,57 (10,44)	0,72	1,44	1,59
Originalwerte	−22,47 (3,33)		26,96 (14,12)	0,81	0,98	8,04
Veränderungen im Vorjahresvergleich	10,78 (31,15)		−0,59 (10,68)	0,70	1,44	1,63

a) Abgrenzung M_1, jedoch ohne Sichtdepositen öffentlicher Stellen.
b) Um den Effekt von Mindestreservesatzänderungen korrigiert.

Eine Rechnung mit dem zusammengefaßten Termin- und Spardepositenquotienten als alleiniger erklärender Variable für die Geldmenge zeigt, daß 70 % der Veränderungen der Geldmenge mit Nichtbankenverhalten statistisch erklärt werden können. Der zufriedenstellende Wert des v. Neumann-Koeffizienten in dieser Rechnung weist darauf hin, daß die empirischen Residuen kein wesentliches zyklisches Element mehr enthalten. Dies zeigt, daß die Geldmengenzyklen mit Änderungen des Termin- und Spardepositenquotienten hinreichend gut erklärt werden können, in jedem Falle wesentlich besser als mit Geldbasiszyklen.

Der optische Eindruck bestätigt die Ergebnisse der Rechnung. In Abb. 3 ist der Verlauf von Geldbasis, Geldmenge und zusammengefaßtem Termin- und Spardepositenquotient im Zeitraum 1960 bis 1971 grafisch dargestellt[72]. Ein gewisser Zusammenhang zwischen Änderungen der Geldbasis und Änderungen der Geldmenge ist nur in einigen Jahren erkennbar, etwa von 1962 bis 1966, er ist aber nicht ausgeprägt. In beiden Kurven korrespondieren in diesem Zeitraum allenfalls die Wendepunkte, nicht aber die Intensität der Ausschläge. Nach 1967 ist aber kaum noch ein Zusammenhang zwischen Geldmenge und Geldbasis zu sehen. Die Zuwachsraten der Geldbasis erreichten 1969 einen absoluten Tiefstand im Beobachtungszeitraum, einem Jahr, in welchem das Geldmengenwachstum überdurchschnittlich war. Hingegen ist der

[72] Um den Gleichlauf zwischen Geldmenge und zusammengefaßtem Termin- und Spardepositenquotient deutlich zu machen, ist in der Grafik dieses Quotienten die Richtung der Ordinatenachsen vertauscht.

Abb. 3: Geldmenge, Geldbasis und Zusammengefaßter Termin- und Spardepositenquotient

Veränderung gegenüber dem entsprechenden Vorjahreszeitraum in v. H.

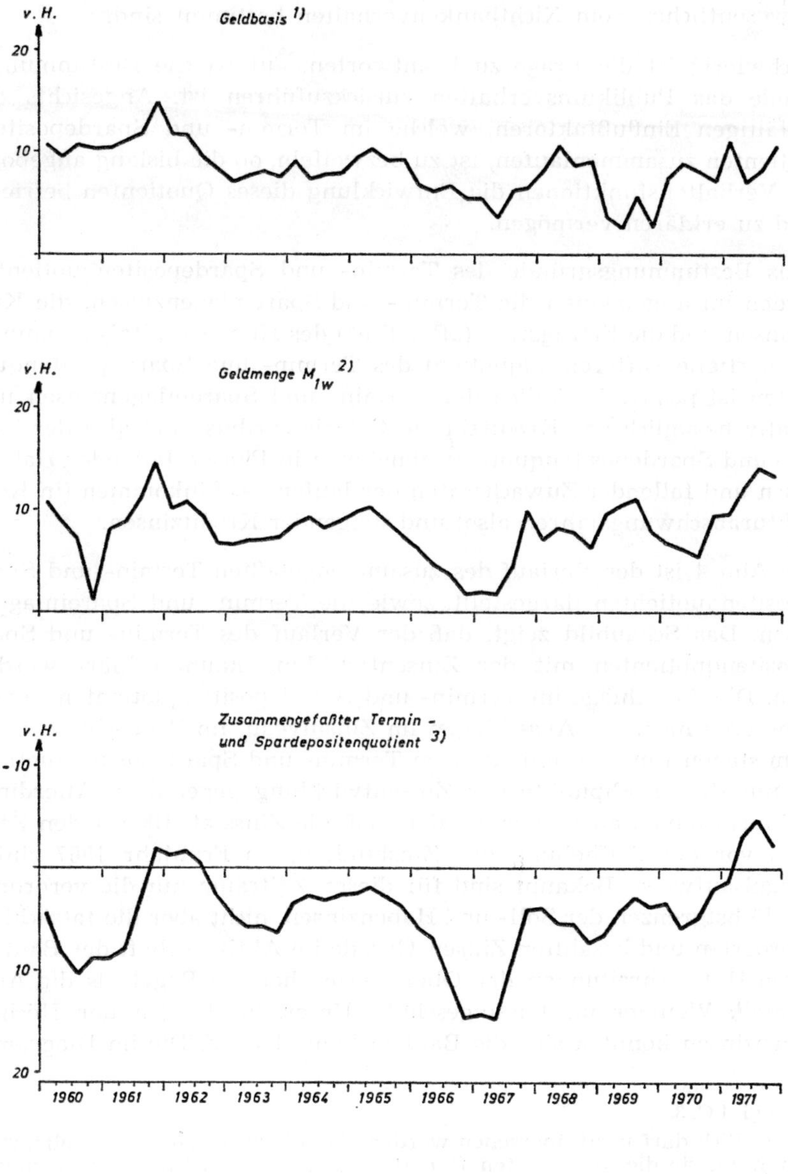

1) Bargeldumlauf + Bankreserven (um den Effekt von Mindesreservesatzänderungen korrigiert)
2) Abgrenzung M_1, jedoch ohne Sichtdepositen öffentlicher Stellen bei Kreditinstituten
3) Relation von reservepflichtigen Termin- und Spardepositen zu Sichtdepositen

Zusammenhang zwischen der Geldmenge und dem zusammengefaßten Termin- und Spardepositenquotient sehr ausgeprägt, und zwar sowohl was die Wendepunkte als auch die Intensität der Ausschläge betrifft. Dies zeigt auch optisch, daß Änderungen der Geldmenge in Deutschland im wesentlichen vom Nichtbankenverhalten bestimmt sind.

Schwierig ist die Frage zu beantworten, auf welche Bestimmungsgründe das Publikumsverhalten zurückzuführen ist. Angesichts der vielfältigen Einflußfaktoren, welche im Termin- und Spardepositenquotienten zusammenlaufen, ist zu bezweifeln, ob die bislang angebotenen Verhaltensfunktionen die Entwicklung dieses Quotienten befriedigend zu erklären vermögen.

Als Bestimmungsgründe des Termin- und Spardepositenquotienten werden im allgemeinen die Termin- und Spareinlagenzinsen, die Kreditzinsen und die Ertragsrate („Rendite") des Humankapitals genannt[73]. Der partielle Differentialquotient des Termin- und Spardepositenquotienten ist positiv bezüglich der Termin- und Spareinlagenzinsen und negativ bezüglich der Kreditzinsen. Ceteris paribus muß also der Termin- und Spardepositenquotient abnehmen in Phasen fallender Habenzinsen und fallender Zuwachsraten der laufenden Einkommen (in Konjunkturabschwungsjahren also) und steigender Kreditzinsen.

In Abb. 4 ist der Verlauf des zusammengefaßten Termin- und Spardepositenquotienten dargestellt, sowie die Termin- und Spareinlagenzinsen. Das Schaubild zeigt, daß der Verlauf des Termin- und Spardepositenquotienten mit der Zinsentwicklung kaum erklärt werden kann. Die Ausschläge im Termin- und Spardepositenquotienten korrespondieren nicht mit Ausschlägen im Zinsniveau. Im Beobachtungszeitraum stehen fünf Hochpunkten im Termin- und Spardepositenquotienten nur drei Hochpunkte der Zinsentwicklung gegenüber. Allerdings darf nicht davon abgesehen werden, daß die Zinsstatistik für den Zeitraum vor der Aufhebung der Zinsbindung im Frühjahr 1967 einige Mängel aufweist. Bekannt sind für diesen Zeitraum nur die verordneten Höchstgrenzen der Soll- und Habenzinsen, nicht aber die tatsächlich geforderten und bezahlten Zinsen. Gerade im Aktivgeschäft der Banken waren Unterschreitungen der Obergrenze eher die Regel als die Ausnahme[74]. Weniger im Passivgeschäft, Unterschreitungen der Höchst-Habenzinsen konnten sich die Banken kaum leisten. Die im Diagramm

---

[73] Vgl. I C. 3.

[74] Freilich darf nicht übersehen werden, daß die ausgehandelten Sollzinsen, auch wenn sie die verordneten Höchstgrenzen unterschritten, eine Bindung an den Diskontsatz hatten. Vor Aufhebung der Zinsbindung haben also Veränderungen des Diskontsatzes die Bewegung der Sollzinsen relativ gut indiziert.

Abb. 4: Zusammengefaßter Termin- und Spardepositenquotient und Habenzinsen[1]

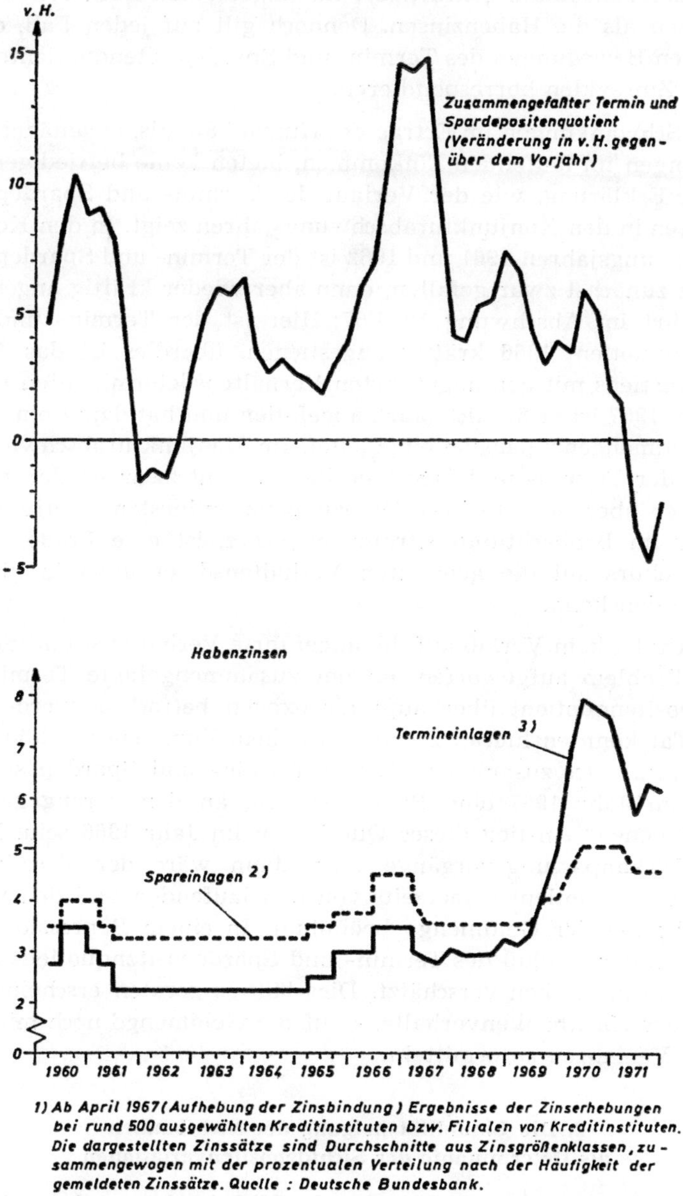

1) Ab April 1967 (Aufhebung der Zinsbindung) Ergebnisse der Zinserhebungen bei rund 500 ausgewählten Kreditinstituten bzw. Filialen von Kreditinstituten. Die dargestellten Zinssätze sind Durchschnitte aus Zinsgrößenklassen, zusammengewogen mit der prozentualen Verteilung nach der Häufigkeit der gemeldeten Zinssätze. Quelle: Deutsche Bundesbank.

2) Spareinlagen mit gesetzlicher Kündigungsfrist. Ab Juli 1966 unter 1 Mill. DM.

3) Festgelder mit vereinbarter Laufzeit von 3 Monaten. Vor April 1967: Festgelder mit vereinbarter Laufzeit von 90 bis 179 Tagen. Ab Juli 1966: Festgelder unter 1 Mill. DM.

eingezeichneten Zinssätze repräsentieren die Habenzinsen relativ gut; weniger gut die Entwicklung der Sollzinsen, denn diese wurden zu Zeiten der Zinsbindung kräftiger, im allgemeinen auch etwas früher angehoben als die Habenzinsen. Dennoch gilt auf jeden Fall, daß die zyklischen Bewegungen des Termin- und Spardepositenquotienten nicht mit den Zinszyklen korrespondieren.

Auch Schwankungen im Ertrag des Humankapitals, angenähert durch Bewegungen im laufenden Einkommen, bieten keine befriedigende zusätzliche Erklärung, wie der Verlauf des Termin- und Spardepositenquotienten in den Konjunkturabschwungsjahren zeigt. In den Konjunkturabschwungsjahren 1961 und 1962 ist der Termin- und Spardepositenquotient zunächst zwar gefallen, dann aber wieder kräftig angestiegen. Umgekehrt im Abschwung 1966/67: Hier ist der Termin- und Spardepositenquotient 1966 kräftig angestiegen, überdies ist das Ausmaß dieses Anstiegs mit den angeführten Verhaltensdeterminanten nicht zu erklären, 1967 ist er ähnlich stark abgefallen und hat damit eine neuerliche Geldmengenexpansion eingeleitet. Im Konjunkturabschwungsjahr 1971 ist der Termin- und Spardepositenquotient zwar wieder gefallen, warum er aber sein tiefstes Niveau beim mildesten Konjunkturabschwung im Beobachtungszeitraum erreichte, ist eine Frage, die mit einem Rekurs auf die genannten Verhaltensdeterminanten nicht geklärt werden kann.

Freilich: Ist kein Verlaß auf die angeführte Verhaltensfunktion, dann ist das Problem aufgeworfen, ob der zusammengefaßte Termin- und Spardepositenquotient überhaupt als exogen betrachtet werden darf. In der Tat könnten hieran Zweifel bestehen. Zum Beispiel könnte der starke Abfall des zusammengefaßten Termin- und Spardepositenquotienten im Jahr 1967 eine Rückanpassung an den vorangegangenen „übertriebenen" Anstieg dieses Quotienten im Jahr 1966 sein. Fänden solche Rückanpassungsvorgänge statt, dann wäre der Termin- und Spardepositenquotient seinerseits von den laufenden und den vergangenen Werten der Geldmenge beeinflußt. In einem Regressionsansatz wäre dann der Einfluß des Termin- und Spardepositenquotient auf die Geldmenge nach oben verschätzt. Dies läßt es geraten erscheinen, den Einfluß des Nichtbankenverhaltens auf die Geldmenge noch mit einem anderen Verfahren zu ermitteln.

2. Die Liquiditätsneigung der Nichtbanken als Determinante der Sichtdepositenvariationen

Im folgenden werden die Beiträge der Nichtbanken und des Bankensystems zu Veränderungen der Geldmenge mit Hilfe einer einfachen komponentenanalytischen Zerlegung ermittelt. Gegenüber der Regressionsanalyse hat dieses Verfahren den Vorzug, die Beiträge der einzelnen Komponenten zu jedem Zeitpunkt im Beobachtungszeitraum feststellen zu können, es liefert also eine zusätzliche Information.

Mit der Rechnung wird allerdings noch ein besonderer Zweck verfolgt. Köhler[75] und der Sachverständigenrat[76] im Jahresgutachten 1970 vertreten die These, daß die Geldmenge zentralbankpolitisch nicht steuerbar ist, weil zwischen der Einlagenexpansion und der Sichtdepositenexpansion die Liquiditätsneigung der Nichtbanken steht[77]. Da die Liquiditätsneigung der Nichtbanken sehr variabel sein kann, ist die Höhe der Sichtdepositen zentralbankpolitisch kaum beeinflußbar.

In einer Kritik[78] haben Brunner und Neumann[79] bestritten, daß die Liquiditätsneigung der Nichtbanken einen wesentlichen Beitrag zur Geldmengenentwicklung leiste. Welcher der beiden Standpunkte richtig ist, kann nur empirisch entschieden werden. Einigen Aufschluß darüber wird die folgende Rechnung geben.

Veränderungen der Sichtdepositen sind auf zwei Bestimmungsgründe zurückzuführen, nämlich auf die Einlagenexpansion, welche zentralbankpolitisch kontrollierbar ist, und auf die Liquiditätsneigung, welche Nichtbankenverhalten widerspiegelt. In der folgenden Tabelle sind die Erklärungsbeiträge von Liquiditätsneigung und Einlagenexpansion zu Änderungen der Sichtdepositen zusammengestellt. Die komponentenanalytische Zerlegung von Änderungen einer zu erklärenden Variablen wurde mit einer Differenzenformel angenähert[80]. Der Annäherungsfehler

---

75 Köhler, Cl., Orientierungshilfen für die Kreditpolitik, Berlin 1968, S. 24; ders., Geldwirtschaft, Berlin 1970, S. 230 f.

76 Sachverständigenrat, JG 1970/71: Konjunktur im Umbruch — Risiken und Chancen, Stuttgart und Mainz 1970, Ziffer 360.

77 Die Liquiditätsneigung ist bei Köhler definiert als Quotient aus Sichtdepositen und den gesamten Nichtbankeneinlagen bei Kreditinstituten (Köhler, Geldwirtschaft, S. 20 f.).

78 „Kritik" ist hier ein freundlicher Ausdruck für einen Angriff, der kaum anders als „shirt-sleeves" bezeichnet werden kann.

79 Brunner, K. und Neumann, M. J. M., Analyse monetärer Hypothesen des Sachverständigenrates zur Begutachtung der gesamtwirtschaftlichen Entwicklung, in: Kyklos, Bd. 24 (1971), S. 223 ff.

80 Um die Kompatibilität der Rechenergebnisse zu wahren, wurde die Liquiditätsneigung, abweichend von der Köhler'schen Definition, als Relation von Sichtdepositen (ohne Einlagen öffentlicher Stellen) zu reservepflichtigen Einlagen bestimmt. Es ist

$$D^p = \frac{1}{1 + h + s} E \; ;$$

D^p = Sichteinlagen bei Kreditinstituten (ohne Einlagen öffentlicher Stellen); $E = D^p + T + S$; $h = T/D^p$; $s = S/D^p$. Für erste Differenzen gilt

$$\Delta D^p = \Delta \left(\frac{1}{1 + h + s} \right) E_{t-1} + \Delta E \left(\frac{1}{1 + h + s} \right)_{t-1} + \Delta \left(\frac{1}{1 + h + s} \right) \Delta E$$

hat sich in den Berechnungen als sehr klein erwiesen, nämlich 2,6 vH im Durchschnitt des gesamten Beobachtungszeitraums. Die Jahreswerte sind als arithmetische Mittel aus Quartalswerten errechnet.

Tabelle 5

Erklärungsbeiträge der Liquiditätsneigung und der Einlagenexpansion zu Änderungen der Sichtdepositen 1960 - 1971*

Jahr	Erklärungsbeitrag der Liquiditätsneigung	Erklärungsbeitrag der Einlagenexpansion
1960	85,3	10,3
1961	92,7	2,5
1962	71,2	26,7
1963	58,0	40,7
1964	72,3	25,3
1965	76,0	21,3
1966	13,2	86,5
1967	70,7	26,5
1968	64,5	32,7
1969	65,0	32,8
1970	59,8	38,6
1971	94,6	1,9
∅ 1960 - 1971	68,6	28,8

* Zur Erläuterung siehe Fußn. 80.

Tabelle 5 zeigt, daß im Beobachtungszeitraum rund 70 vH der Änderungen der Sichtdepositen aus Änderungen der Liquiditätsneigung resultieren. Dies ist eine bemerkenswerte Übereinstimmung mit einem regressionsanalytischen Ergebnis. Eine Regression zwischen den Zuwachsraten der Sichtdepositen und des zusammengefaßten Termin- und Spardepositenquotienten für den gleichen Beobachtungszeitraum ergab ein Bestimmtheitsmaß von 0,75.

Der prozentuale Beitrag der Liquiditätsneigung zu Änderungen der Sichtdepositen ist

$$\left[\Delta\left(\frac{1}{1+h+s}\right)E_{t-1}/\Delta D^p\right]100$$ und derjenige der Einlagenexpansion

$$\left[\Delta E\left(\frac{1}{1+h+s}\right)_{t-1}/\Delta D^p\right]100 \,.$$

Es ist ersichtlich, daß der Erklärungsbeitrag der Liquiditätsneigung gerade in Jahren starker Geldmengenexpansion besonders hoch ist, ganz deutlich in den Jahren 1961 und 1971. Die vorgelegten Ergebnisse widerlegen solche dezidierten Äußerungen von Brunner und Neumann, wie „Für die generelle Behauptung, die Geldmenge könne von der Zentralbank nicht beeinflußt werden, gibt es keine Stütze“[81]. Eine solche Stütze gibt es offensichtlich doch. Brunner und Neumann hätten ihre weitreichenden Schlußfolgerungen kaum legitimieren können, hätten sie die westdeutschen Verhältnisse auch nur annähernd mit jener Akribie studiert, mit der sie konkurrierende Ansätze zu sezieren pflegen.

Die vorgelegte Evidenz spricht eindeutig zugunsten einer Hypothese, welche Veränderungen der Geldmenge mit Nichtbankenverhalten erklärt. Die Behauptung einer Dominanz der Geldbasis über die Geldmenge hat für den Beobachtungszeitraum als widerlegt zu gelten.

---

81 Brunner und Neumann, Analyse monetärer Hypothesen ..., S. 236.

Fazit

Nunmehr kann zusammengefaßt werden, inwieweit die vorgelegten Berechnungen empirische Anhaltspunkte für die im theoretischen Teil dieser Arbeit vorgetragene Kritik am Monetarismus erbracht haben. Freilich ist eines dabei zu beachten. Ein Vergleich mit den Berechnungen anderer Autoren hat gezeigt, wie empfindlich die Ergebnisse von Regressionsansätzen schon gegenüber kleinen Verschiebungen des Beobachtungszeitraums reagieren können. Deshalb müssen sämtliche Schlußfolgerungen, die aus unseren Berechnungen gezogen werden, mit der Qualifikation versehen werden, daß sie nur für den Beobachtungszeitraum (1960 - 1971) gültig sind.

Folgende Einwände gegen die monetaristische Position konnten empirisch belegt werden.

1. Es hat sich gezeigt, daß Änderungen des zusammengefaßten Termin- und Spardepositenquotienten einen wesentlich höheren Beitrag zur Erklärung der Geldmengenentwicklung liefern als Änderungen der Geldbasis. Insbesondere sind die zyklischen Bewegungen der Geldmenge auf Bewegungen des Termin- und Spardepositenquotienten zurückzuführen und nicht auf Geldbasiszyklen. Die deutlichen Verschiebungen, die zwischen Sichteinlagen und längerfristigen Einlagen stattgefunden haben, liefern den Beleg, daß aus der Sicht des Publikums die Termin- und Spareinlagen sehr gute Substitute zur Kasse darstellen. Dies weist darauf hin, daß Geld und geldnahe Finanzaktiva in der Sicht der Nichtbanken gute Substitute zueinander sind; eine Untergruppe, welche mehr oder weniger willkürlich ausgewählt und als „Geldmenge“ bezeichnet wird, läßt sich nicht besonders abheben. Dies bestätigt diejenige Position, die unter anderem von Gramley und Chase[1], von Köhler[2], vom Radcliffe-Report[3], vom Sachverständigenrat im Jahresgutachten 1970[4] und von der Yale-Schule um Tobin[5] eingenommen wird, wonach die Höhe der „Geldmenge“ aus einem Portfoliokalkül der Nichtbanken zu erklären ist.

---

[1] Gramley, L. und Chase, S., Time Deposits in Monetary Analysis, in: Federal Reserve Bulletin, 1965, S. 1380 ff.

[2] Köhler, Geldwirtschaft ...

[3] Committee on the Working of the Monetary System, Report Command Paper Nr. 827, London 1959.

[4] Sachverständigenrat, JG 1970/71 ...

2. Eine Steuerung der „Geldmenge“ über eine Manipulation der Geldbasis ist innerhalb kürzerer Fristen nicht möglich. Die Behauptung einer Dominanz der Geldbasis über die Geldmengenentwicklung kann sich lediglich auf einen trendmäßigen Zusammenhang stützen. Um aber darauf hinzuweisen, daß eine trendmäßige Ausweitung der „Geldmenge“ nicht ohne eine trendmäßige Ausweitung der Geldbasis vonstatten gehen könne, bedarf es keines aufwendigen analytischen Apparates; für Zusammenhänge in den Trends sind in diesem Falle instiutionelle Gegebenheiten eine ausreichende Erklärung. Selbstverständlich kann eine trendmäßige Ausweitung der Sichtdepositen nicht ohne eine trendmäßige Ausweitung der gesamten Bankdepositen vor sich gehen, und diese nicht ohne eine trendmäßige Ausweitung der Bankreserven, die ihrerseits einer trendmäßigen Ausweitung der Geldbasis bedarf, was aber nicht ohne eine trendmäßige Ausweitung der Zentralbankpassiva vor sich gehen kann. Begnügt man sich freilich mit Zusammenhängen zwischen Trends, dann ist der Wert und die Zweckmäßigkeit des Geldbasisbegriffs generell in Frage gestellt. Denn Bankdepositen, Bankreserven, Geldbasis und gesamte Zentralbankpassiva oder einfach eine Trendvariable „erklären“ dann die Höhe der Geldmenge gleich gut.

3. Die Behauptung, die Nichtbanken könnten die Höhe der „Geldmenge“ nicht beeinflussen, sondern müßten sich an zentralbankpolitisch bewirkte Geldmengenänderungen anpassen, ist empirisch widerlegt worden. Der Einfluß der Nichtbanken auf Geldmengenvariationen ist von Periode zu Periode unterschiedlich, insgesamt als recht hoch zu veranschlagen. Dies bringt die entscheidende Annahme der modernen Quantitätstheorie, nämlich „Geldangebot“ und „Geldnachfrage“ ließen sich separieren, zu Fall. Aus einem statistischen Zusammenhang zwischen Geldmengenvariationen und Änderungen der allgemeinen ökonomischen Aktivität — ließe er sich denn unter Zuhilfenahme von variablen Leads und Lags konstruieren — darf nicht auf ein Kausalverhältnis geschlossen werden, welches von der „Geldmenge“ zur allgemeinen ökonomischen Aktivität verlaufe.

4. Die vermögenstheoretische Begründung des Durchwirkens von Geldmengenvariationen ist starken Zweifeln auszusetzen. Solche Geldmengenvariationen, die aus einer Verschiebung zwischen Sichtdepositen einerseits und Termin- und Spardepositen andererseits resultieren, erzeugen per se weder Einkommensströme noch verändern

[5] Stellvertretend sei genannt Tobin, J., Commercial Banks as Creators of „Money“, in: Carson, D. (Hrsg.), Banking and Monetary Studies, Homewood, Ill. 1963, S. 408 ff.; ders., An Essay on the Principles of Debt Management, in: Fiscal and Debt Management Policies, Commission on Money and Credit, Englewood Cliffs 1963, S. 143 ff.

sie das Vermögen der Geldhalter. Es kann nicht glaubhaft gemacht werden, daß solche Geldmengenvariationen einen nach westdeutschen Verhältnissen um das sieben- bis achtfache größeren Betrag — in dieser Größenordnung liegt gegenwärtig die auf Jahresbasis berechnete Umlaufsgeschwindigkeit — zum nominalen Bruttosozialprodukt hinzufügen sollen.

5. Aus all dem folgt, daß Änderungen der „Geldmenge“ keinesfalls den behauptet kräftigen Effekt auf die Gesamtnachfrage haben können.

Literaturverzeichnis

Ackley, G.: Macroeconomic Theory, New York 1966

Adel, van den, M.: Geldentwertung und monetäre Stabilisierungspolitik, Berlin 1973

Andersen, L. und *Jordan*, J.: The Monetary Base — Explanation and Analytical Use, in: Federal Reserve Bank of St. Louis Review, August 1968

— Monetary and Fiscal Actions: A Test of their Relative Importance in Economic Stabilization, Federal Reserve Bank of St. Louis Review, November 1968

— Monetary and Fiscal Actions: A Test of Their Relative Importance in Economic Stabilization — Reply, in: Federal Reserve Bank of St. Louis Review, April 1969

Ando, A. und *Modigliani*, F.: Velocity and the Investment Multiplier, in: The American Economic Review, Bd. 55 (1965)

Brunner, K.: The „Monetarist Revolution" in Monetary Theory, in: Weltwirtschaftliches Archiv, Bd. 105 (1970)

— Eine Neuformulierung der Quantitätstheorie des Geldes, in: Kredit und Kapital, 3. Jg. (1970)

— A Survey of Selected Issues in Monetary Theory, in: Schweizerische Zeitschrift für Volkswirtschaft und Statistik, Bd. 107 (1971)

Brunner, K. und *Meltzer*, A.: Predicting Velocity: Implications for Theory and Policy, in: Journal of Finance, Bd. XVIII (1963)

— Some Further Investigations of Demand and Supply Functions for Money, in: The Journal of Finance, Bd. 19 (1964)

— Liquidity Traps for Money, Bank Credit, and Interest Rates, in: The Journal of Political Economy, Bd. 76 (1968)

— A Monetarist Framework for Aggregative Analysis, in: *Brunner*, K. (Hrsg.) Proceedings of the First Konstanzer Seminar on Monetary Theory and Monetary Policy 1970, Kredit und Kapital, Bd. 5 (1972), Beiheft 1

— Fiscal and Monetary Policy in a Non-Keynesian World, o. J. (hektografiert)

— Friedman's Monetary Theory, in: The Journal of Political Economy, Bd. 80 (1972)

Brunner, K. und *Neumann*, M. J. M.: Analyse monetärer Hypothesen des Sachverständigenrates zur Begutachtung der gesamtwirtschaftlichen Entwicklung, in: Kyklos, Bd. XXIV (1971)

— Monetäre Aspekte des Jahresgutachtens 1971/72 des Sachverständigenrats, in: Weltwirtschaftliches Archiv, Bd. 108 (1972 I)

Cagan, Ph.: Determinants and Effects of Changes in the Stock of Money, New York 1965

Claassen, E. M.: Probleme der Geldtheorie, Berlin u. a. 1970

Committee on the Working of the Monetary System, Report Command Paper Nr. 827, London 1959

Culbertson, J. M.: Friedman on the Lag in Effect of Monetary Policy, in: The Journal of Political Economy, Bd. 68 (1960)

Davis, R .G.: How Much Does Money Matter? A Look at Some Recent Evidence, in: Federal Reserve Bank of New York Monthly Review, Juni 1969.

Friedman, M. (Hrsg.): Studies in the Quantity Theory of Money, Chicago 1956.

— The Supply of Money and Changes in Prices and Output, in: The Relationship of Prices to Economic Stability and Growth, Compendium of Papers Submitted by Panelists Appearing before the Joint Economic Committee, Washington 1958

— The Demand for Money: Some Theoretical and Empirical Results, in: The Journal of Political Economiy, Bd. 67 (1959)

— A Program for Monetary Stability, The Millar Lectures, Number Three. 1959, New York 1960

— Statement on Monetary Theory and Policy, wieder abgedruckt in: *Smith,* W. und *Teigen,* R. L. (Hrsg.), Readings in Money, National Income and Stabilization Policy, Homewood (Ill.) 1965

— The Supply of Money and the Prive Level, in: *Carson,* D. (Hrsg.), Money and Finance, New York 1966

— Money: Quantity Theory, in: International Encyclopedia of the Social Sciences, Bd. 10, New York 1968

— The Counter-Revolution in Monetary Theory, First Wincott Memorial Lecture, Published for The Wincott Foundation by The Institute of Economic Affairs, London 1970

— Die optimale Geldmenge und andere Essays, München 1970 (Originalausgabe: The Optimum Quantity of Money and Other Essays, Chicago 1970.

— A Monetary Theory of Nominal Income, in: The Journal of Political Economy, Bd. 79 (1971)

— A Theoretical Framework for Monetary Analysis, NBER Occasional Paper 112, New York 1971

Friedman, M. und *Meiselmann,* D.: The Relative Stability of Monetary Velocity and the Investment Multiplier in the United States, 1897 - 1948, in: Stabilization Policies, Commission on Money and Credit, Englewood Cliffs 1963

Gebauer, W.: The Theory of Monetarism, in: Zeitschrift für die gesamte Staatswissenschaft, Bd. 129 (1973)

Gibson, W. E.: The Lag in the Effect of Monetary Policy on Income and Interest Rates, in: Quarterly Journal of Economics, No. 2 (1970)

Goodhart, Ch.: The Importance of Money, in: Bank of England Quarterly Bulletin, Bd. 10, Juni 1970

— The Transmission Mechanism of Monetary Policy, hektografiertes Manuskript

Gramley, L. und *Chase,* S.: Time Deposits in Monetary Analysis, in: Federal Reserve Bulletin, 1965

Gramlich, E. M.: The Usefulness of Monetary and Fiscal Policy as Discretionary Stabilization Tools, in: Journal of Money, Credit, and Banking, Bd. 3 (1971)

Gurley, J. G. und *Shaw*, E. S.: Money in a Theory of Finance, Washington 1960

Hester, D.: Keynes and the Quantity Theory: A Comment on the Friedman-Meiselman CMC Paper, in: Review of Economics and Statistics, Bd. 46 (1964)

Johnson, H. G.: Inside Money, Outside Money, Income, Wealth and Welfare in Monetary Theory, in: Journal of Money, Credit, and Banking, Bd. 1 (1969)

— Recent Developments in Monetary Theory — A Commentary, in: *Croome*, D. R. und *Johnson*, H. G. (Hrsg.): Money in Britain, 1959 - 1969, Oxford University Press 1970

Kaldor, N.: The New Monetarism, in: Lloyd's Bank Review, Juli 1970.

Kareken, J. und *Solow*, R.: Lags in Monetary Policy, in: Stabilization Policies, Commission on Money and Credit, Englewood Cliffs 1963

Ketterer, K. H. und *Simmert*, D. B.: Moderne Quantitätstheorie und Laissez-faire-Liberalismus, in: WSI-Mitteilungen, Zeitschrift des Wirtschafts- und Sozialwissenschaftlichen Instituts des Deutschen Gewerkschaftsbundes, 25. Jg. (1972), Heft 12

Khatkhate, D. R. und *Villanueva*, D. P.: A Behavioral Theory of the Money Multiplier in the United States: An Empirical Test, in: International Monetary Found Staff Papers, Bd. XIX (1972)

Köhler, Cl.: Orientierungshilfen für die Kreditpolitik, Berlin 1968

— Geldwirtschaft, Berlin 1970

Längerfristige Entwicklung des Geldvolumens, Deutsche Bundesbank, Monatsberichte, Juli 1971

Laidler, D.: The Definition of Money, Theoretical and Empirical Problems, in: Journal of Money, Credit, and Banking, Bd. 1 (1969)

Leeuw, de, F. und *Kalchbrenner*, J.: Monetary and Fiscal Actions: A Test of Their Relative Importance in Economic Stabilization — Comment, in: Federal Reserve Bank of St. Louis Review, April 1969

Marschak, J. und *Lederer*, W.: Größenordnungen des deutschen Geldsystems, in: Archiv für Sozialwissenschaft und Sozialpolitik, Bd. 67 (1932)

Mattfeld, H.: Das Geldmengenproblem, Berlin 1973

Meltzer, A.: Controlling Money, in: Federal Reserve Bank of St. Louis Review, Mai 1969

Metzler, L. A.: Wealth, Saving, and the Rate of Interest, in: The Journal of Political Economy, Bd. 59 (1951)

Möller, W., *Vogl*, G. und *Woll*, A.: Moderne Quantitäts- versus Liquiditätstheorie: Ein Test konkurrierender Hypothesen, in: Kredit und Kapital, Bd. 5 (1972)

Neubauer, W.: Strategien, Techniken und Wirkungen der Geld- und Kreditpolitik, Göttingen 1972

Neumann, M. J. M.: Bank Liquidity and the Extended Monetary Base as Indicators of German Monetary Policy, Proceedings of the First Konstanzer Seminar, in: Kredit und Kapital, Beiheft 1, Berlin 1972

Park, Y.: Some Current Issues on the Transmission Process of Monetary Policy, in: International Monetary Fund Staff Papers, Bd. XIX (1972)

Patinkin, D.: Money, Interest and Prices, 2. Aufl. New York 1695

— Money and Wealth; A Review Article, in: The Journal of Economic Literature, Bd. VII (1969)

— The Chicago Tradition, the Quantity Theory, and Friedman, in: Journal of Money, Credit, and Banking, Bd. 1 (1969)

Pesek, B. P. und *Saving*, T. R.: Money, Wealth and Economic Theory, New York u. a., 1967

Pohl, R.: Bestätigt die westdeutsche Konjunktur von 1965 bis 1971 den Monetarismus?, in: WSI-Mitteilungen, Zeitschrift des Wirtschafts- und Sozialwissenschaftlichen Instituts des Deutschen Gewerkschaftsbundes, 26. Jg. (1973), Heft 4

Prano, de, M. und *Mayer*, T.: Tests of the Relative Importance of Autonomous Expenditure and Money, in: The American Economic Review, Bd. 55 (1965)

Robinson, J.: Quantitätstheorien: Alt und Neu, in: *Kalmbach*, P. (Hrsg.), Der neue Monetarismus, München 1973

Sachverständigenrat: JG 1970/71: Konjunktur im Umbruch — Risiken und Chancen, Stuttgart und Mainz 1970

Samuelson, P.: The Role of Money in National Economic Policy, in: Controlling Monetary Aggregates, Federal Reserve Bank of Boston, 1969

Schaaf, G.: Die Geldschöpfungsmöglichkeiten von Einzelbank, Bankengruppe und Bankensystem in der Bundesrepublik Deutschland, Tübinger Dissertation, Tübingen 1965

Schneider, E.: Einführung in die Wirtschaftstheorie, III. Teil, 7., verbesserte Auflage, Tübingen 1962

Siebke, J.: Der Geldangebotsprozeß in der Bundesrepublik Deutschland, Bonn 1971 (noch unveröffentlichte Habilitationsschrift)

Siebke, J. und *Willms*, M.: Das Geldangebot in der Bundesrepublik Deutschland, in: Zeitschrift für die gesamte Staatswissenschaft, Bd. 126 (1970)

— Monetary Policy and the Trade Cycle, in: Intereconomics, Nr. 3, 1970

Silber, W.: The St. Louis Equation: „Democratic" and „Republican" Versions and Other Experiments, in: Review of Economics and Statistics, Bd. 53 (1971)

Simons, H. C.: Rules versus Authorities in Monetary Policy, in: The Journal of Political Economy, Bd. XLIV (1936)

— A Positive Program for Laisser-faire — Some Proposals for a Liberal Economic Policy, zuerst erschienen als „Public Policy Pamphlet", Nr. 15, ed. Harry D. Crideouse, University of Chicago Press, Chicago 1934, wieder abgedruckt in: *Simons*, H. C., Economic Policy for a Free Society, Chicago 1948

Steinmann, B.: Versuch einer Verzahnung der Geldtheorie mit der Gütertheorie, Berlin 1971

Tanner, E.: Lags in the Effect of Monetary Policy: A Statistical Investigation, in: American Economic Review, Bd. 59 (1969)

Tobin, J.: An Essay on the Principles of Debt Management, in: Fiscal and Debt Management Policies, Commission on Money and Credit, Englewood Cliffs 1963

— Commercial Banks as Creators of „Money", wieder abgedruckt in: *Smith,* W. L. und *Teigen,* R. L. (Hrsg.), Readings in Money, National Income and Stabilization Policy, Homewood, Ill. 1965

— Money and Income: Post Hoc Propter Hoc?, in: Quarterly Journal of Economics, No. 2 (1970)

— A General Equilibrium Approach to Monetary Theory, in: Journal of Money, Credit, and Banking, Bd. 1 (1969)

Trapp, P.: Geldmenge und wirtschaftliche Aktivität, in: WSI-Mitteilungen, Zeitschrift des Wirtschafts- und Sozialwissenschaftlichen Instituts des Deutschen Gewerkschaftsbundes, 26. Jg. (1973), Heft 2

Traut, G.: Das Geldangebotsverhalten der Kreditinstitute in der Bundesrepublik Deutschland von 1957 bis 1970, Bern und Frankfurt 1972

Wallich, H. C.: Quantity Theory and Quantity Policy, in: *Fellner,* W. u. a. (Hrsg.), Ten Economic Studies in the Tradition of Irving Fisher, New York u. a. 1967

Westphal, U.: Theoretische und empirische Untersuchungen zur Geldnachfrage und zum Geldangebot, Tübingen 1970

Willms, M.: An Evaluation of Monetary Indicators in Germany, August 1970 (hektografiertes Manuskript)

— Controlling Money in an Open Economy: The German Case, in: Federal Reserve Bank of St. Louis Review, April 1971

Woll, A.: Einige geldpolitische Aspekte in der monetären Theorie der Gegenwart, in: Geldtheorie und Geldpolitik, Festschrift für G. Schmölders, Hrsg.: *Andreae,* C. u. a., Berlin 1968

Personenverzeichnis

Sachverzeichnis

Veröffentlichungen des Instituts für Empirische Wirtschaftsforschung

Herausgegeben von Prof. Dr. Cl. Köhler und Prof. Dr. A. Kruse-Rodenacker

---

1. **Orientierungshilfen für die Kreditpolitik.** Von Claus Köhler. 97 S. 1968. Lw. DM 24,60

2. **Bankenliquidität und Kapitalmarktzins.** Von Lothar Hübl. 155 S. mit 17 Tab. und 23 Abb. 1969. Lw. DM 38,60

3. **Die kontinuierliche Liquiditätsversorgung des Bankensystems.** Von Jürgen Becker. 145 S. 1969. Lw. DM 37,60

4. **Die Liquiditätsversorgung des schweizerischen Bankensystems.** Von Heide Wolff. 133 S. 1969. Lw. DM 36,60

5. **Kapitalhilfe.** Untersuchungen zur bilateralen Kapitalhilfe im Rahmen öffentlicher Leistungen. Von Albrecht Kruse-Rodenacker und Horst Dumke unter Mitarbeit von Niklas von Götz. 208 S. 1969. Lw. DM 48,60

6. **Regionale Leistungsbilanzsalden in integrierten Wirtschaftsräumen.** Von Rüdiger Pohl. 191 S. mit 18 Taf. 1971. Lw. DM 49,80

7. **Erfahrungen mit der Kreditplafondierung.** Von Sonning Bredemeier. 191 S. 1972. Lw. DM 49,60

8. **Die Auswirkungen der Zinsliberalisierung in Deutschland.** Von Rüdiger Looff. 148 S. 1973. Lw. DM 48,—

9. **Der administrative Aufwand der Entwicklungshilfe.** Von Karl Kirchhof und Ulrich Popp. 198 S. 1973. Lw. DM 56,—

10. **Bestimmungsgründe der nominalen Zinsentwicklung in der Bundesrepublik Deutschland.** Von Lothar Hübl. 127 S. 1973. Lw. DM 49,80

11. **Direktinvestitionen und die Politik der Entwicklungsländer.** Von Winfried Schneider. 198 S. 1974. Lw. DM 58,60

12. **Zinsarbitrage und Währungsspekulation.** Von Wolfgang Filc. 220 S. 1975. Lw. DM 68,—